KB201791

북한출신 아동 및 청소년 멘토링

대학 서비스러닝 사례

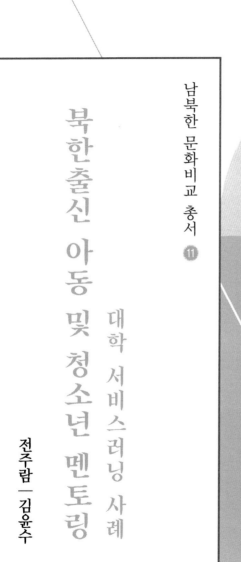

남북한 문화비교 총서

⑪

북한출신 아동 및 청소년 멘토링

대학 서비스러닝 사례

전주람 ─ 김윤수

○ 들어가는 글

　남북한 문화비교 연구 총서는 학계에만 국한하여 출간되는 연구물을 대중화할 필요가 있다는 기대에서 기획되었습니다. 2020년 여름, 전주람은 학회지에 생생한 북한이주민의 증언을 담는 작업을 하고 있었습니다. 그때 한국학술정보 출판사에서 연구자들이 그간 학술지면에 발표한 논문을 단행본으로 엮는 작업을 한다는 광고를 보게 되었습니다. 그래서 한국학술정보 이강임 팀장님과 만나, 딱딱한 북한 관련 총서에서 벗어나 북한이주민의 생생한 증언을 담아내는 방식의 남북한 문화비교 연구 총서를 엮자는 데 의견을 모았습니다. 그동안 대표 저자 전주람은 북한이주민들의 심리 사회적 자원을 시작으로 가족, 건강, 일 세계, 대학 생활, 자기 돌봄과 정체성, 사회공동체 등 다양한 주제를 현장 인터뷰 방식으로 연구해 왔습니다. 이러한 내용을 남북한 문화비교 총서로 엮는다면 더 많은 독자가 쉽게 접할 수 있을 것으로 판단했습니다.

　남북한 문화비교 총서는 '일상생활(daily life)'을 주된 연구 영역으로 삼았습니다. 북한이주민의 일상생활을 자세히 살펴보려 했습니다. 이를 통해 북한이주민에 대한 고정된 부정적 편견과 고정관념을 걷어내고, 그들을 새로운 관점으로 바라보는 태도를 갖게 하고자 했습니다. 이 총서는 북한이주민이 누구인지에 대한 인식을 높이는 전환점과 담론을 제공할 것으로 기대됩니다. 남한에서 태어난 국민이 북한이주민에게 쉽게 다가가고 이해할 수 있는 좋은 자료가 될 것입니다. 궁극적으로 향후 남북한의 사회문화적 통합에 중요한 기초 자료로 활용될 수 있을 것이라 기대합니다.

프랑스 철학자 앙리 르페브르(Henri Lefebvre)는 일상생활을 인간의 전체성 관점에서 설명하였습니다. 자세히 살펴보면, 인간은 욕구, 노동, 놀이와 즐거움의 세 가지 차원으로 존재하며, 이 세 요소가 유기적으로 통합될 때 비로소 인간의 참된 모습이 현실화한다고 하였습니다. 즉, 인간이 생존하기 위해서는 모든 물질적 · 신체적 욕구가 충족되어야 하며, 동시에 이러한 욕구를 충족시키기 위해 일하지 않으면 안 된다고 언급한 것입니다. 일상을 다루는 것은 결국 일상성을 생산하는 사회, 즉 우리가 살고 있는 사회의 성격을 규정짓는 것이므로, 진지한 연구 대상이 되어야 마땅합니다. 일상은 매일 되풀이되며 보잘것없고 지루한 업무의 연속처럼 느껴질 수 있고, 익숙한 사람과 사물의 잦은 마주침으로 가득 차 보일지 모르지만, 중요한 사실은 일상이 바탕에 있어야만 사건이 발생한다는 것입니다. 이처럼 일상생활 연구는 사회 전체에 대한 평가와 개념화를 함축하므로, 일상성을 단순한 개념으로만이 아니라 '사회'를 이해하기 위한 바로미터로서 중요합니다. 따라서 남북한 문화비교 총서에서 북한이주민의 일상생활을 전방위적으로 깊이 탐색하는 것은 사회문화적 통합 영역뿐만 아니라 실천적으로도 매우 중요한 일이라 할 수 있습니다.

총서 시리즈물의 열한 번째인 '북한출신 아동 및 청소년 멘토링' 편은 가족학이라는 학문적 토대에 '북한'이라는 실천적 영역을 끌어들인 것입니다. 가족이라는 미시체계 환경을 연구의 기반으로 삼는 전주람과 서울시립대학교 교수학습개발센터에서 대학혁신지원사업인 서비스러닝 사업을 맡아 운영 중인 김윤수는 지역사회 북한출신 아동 및 청소년에 관심을 갖고 필자들이 실제 운영한 서울시립대학교 서비스러닝이라는 현장의 경험에 주목했습니다. 우리는 이 개념을 대학의 서비스러닝 사례에 적용했을 때 어떤 내용이 담길지를 고민하고 숙의하는 과정을 거쳤습니다. 특히 북한이주민 가정의 자녀를 만나는 멘토들의 생생한 언어를 채록하면 독자들이 이 책의 내용을 쉽게 이해할 수 있으리라 판단했습니다.

이에 제1부에서는 서비스러닝의 개념, 북한이주민 가정을 대상으로 한 서비스러닝의 시작, 지역사회와 함께하는 서비스러닝에서 매니저의 고민과 보람에 대해 개괄적으로 설명하였습니다. 북한출신 아동 및 청소년에게 서비스러닝 사업을 통한 멘티 경험이 중요한 이유를 살펴보았으며, 이는 북한이주민들이 남한에서 보다 안정적으로 일상을 영위하기를 바라는 마음에서 출발한 것입니다. 제2부에서는 멘토들의 서비스러닝 참여 경험을 증언을 통해 살펴보았으며, 이를 통해 처음 북한이주민을 만나기 전의 긴장감, 친밀한 관계를 맺어가는 과정, 멘토들이 서비스러닝을 통해 어떤 심리적 경험을 했는지 등을 기술하였고, 멘토 과정에서의 제약 요건과 고민도 대화록에 담았습니다. 제3부에서는 서비스러닝의 가치와 중요성, 향후 발전 방향 및 제언에 관해 기술하였습니다.

이상의 결과를 책에 담는 작업은 남한의 일상을 경험하는 그들을 이해하는 것이자, 그들이 속한 사회를 이해하는 것이기도 합니다. 요컨대 〈남북한 문화비교 총서〉는 남북인이 조화롭게 어울릴 수 있는 일상 문화를 찾아나가는 데 중요한 기초 자료가 될 것입니다.

2024년 11월

전주람 · 김윤수

서울시립대학교에서

○ 목차

김윤수

제1부

북한이주민과
서비스러닝

제1장 서비스러닝이란 무엇인가?

1. 서비스러닝의 역사적 배경

서비스러닝의 개념은 1960년대 미국에서 시작되었다. 이는 존 듀이(John Dewey)의 경험 학습 이론과 시민 참여 개념의 결합이 현대 교육과 민주주의 발전에 큰 영향을 미친다는 사상을 바탕으로 한다. 듀이는 경험을 교육의 핵심으로 보았으며, 의미 있는 학습은 학생들의 직접적인 경험을 통해 이루어진다고 주장했다. 이런 관점은 서비스러닝의 근간이 된다. 1967년 로버트 시그먼(Robert Sigmon)과 윌리엄 램지(William Ramsey)가 애틀랜타의 DMIP(Manpower Development Internship Program)에서 일하면서 처음으로 '서비스러닝'이라는 용어를 사용했지만, 이 개념이 널리 퍼지기 시작한 것은 1980년대 후반 위스콘신주 래신에서 열린 윙스프레드 컨퍼런스(Wingspread Conference)에서 경험 많은 서비스러닝 실무자들이 모여 '봉사와 학습을 결합한 모범 사례의 원칙(The Principles of Good Practice for Combining Service and Learning)'을 작성했을 때부터였다.

1990년 미국에서 '국가 및 지역사회 서비스법(National and Community Service Act)'이 제정되고, 연방 정부의 지원을 받게 되면서 서비스러닝은 더욱 활성화되었다. 이 법은 학교와 대학에서 서비스러닝 프로그램을 지원하기 위한 기금을 제공했고, 관련 법률과 프로그램들은 서비스러닝을 고등 교육 커리큘럼에 통합하는 데 중요한 역할을 했다.

2000년대에 들어서면서 서비스러닝은 전 세계적으로 확산하였다. 대학 교육의 방향성 변화, 글로벌화, 교육방식의 진화, 사회문제 해결에 관한 관심 증대 등의 복합적 작용에 의해서이다. 대학 교육이 개인의 사회적 책임감, 시민 참여, 다양한 커뮤니티와 세계 사회로의 도전을 지향하게 되었고, 이로 인해 대학에서 시민으로서의 학습과 활동을 포함하는 교육에 더욱 집중하게 되었다. 나아가 2000년대 이후 정부 차원의 강력한 글로벌화 추진 등으로 인해 국제적 경험과 역량 개발의 필요성도 증대되었다. 또한, 전통적인 교육방식에서 벗어나 더 실용적이고 경험 중심적인 방식에 대한 수요도 자연스레 증가했고, 그에 따라 지속 가능한 발전, 사회적 통합, 환경 보존 등의 가치가 중요해지면서, 이런 문제들에 대한 실질적인 참여와 해결 능력을 기르는 서비스러닝의 가치가 더욱 인정받게 되면서, 많은 국가가 자국의 고등 교육 시스템에 서비스러닝을 도입하기 시작했다.

한국도 2000년대 초반부터 서비스러닝에 대한 관심이 높아지기 시작했으며, 많은 대학이 정규 교과과정에 서비스러닝을 도입했다. 서울시립대학교의 경우, 2015년 ACE 사업을 통해 서비스러닝을 본격적으로 도입하여 지속적으로 발전시켜 오고 있다. 이러한 역사적 맥락을 통해 서비스러닝이 단순한 교육 트렌드가 아닌,

사회적 요구와 교육적 필요성이 결합한 결과물임을 확인할 수 있다.

2. 서비스러닝의 개념과 특징

서비스러닝(Service-Learning)은 교육과 봉사 활동을 결합한 혁신적인 교육 방법론으로, 학생들이 지역사회에서 의미 있는 봉사 활동에 참여하면서 동시에 학업적 목표를 달성하는 것을 목표로 한다.

서비스러닝은 학생들이 경험 학습 활동을 통해 지역사회에서 요구하는 현황들을 이해하고 성찰의 과정을 통해 학습의 결과를 끌어내도록 기회를 제공하는 것이다. 즉, 서비스러닝은 강의실에서의 교육과 지역사회 봉사를 접목한 교수법으로 학생들이 교실과 현장 연계의 체험을 통해 배운 전문지식을 심화하고, 이를 적용한 봉사 활동을 경험하도록 봉사(Service)와 학습(Learning)을 통합한 교수-학습 방법이다.

서비스러닝은 학자들에 따라 그 정의에 다소 차이가 있다. 서비스러닝이란 봉사 정신, 지역사회의 발전, 호혜적 학습의 가치를 목표로 하는 교육 방식(최윤희·김진선, 2000)으로 정의할 수 있고, 대학생들을 협력, 사회성, 리더십, 민주적 시민의식 등의 역량을 갖춘 사회구성원으로 성장시키기에 적절한 교수학습 방법(조용개, 2023)이기도 하다. 즉 서비스러닝은 교육의 질을 높이고, 학생들을 미래의 핵심 인재로 키워내기 위해 지역사회에서 요구되는 문제들에 전문성을 가지고 참여할 수 있는 기회를 제공하는 효과적인 체험 교육의 한 형태라고 볼 수 있다.

서비스러닝은 경험 학습을 통해, 봉사자는 정의적, 인지적, 사회적 성장을 도모할 수 있다. 봉사자는 봉사 활동을 통해 심화한 지식과 기술을 습득하고, 자기 잠재력 개발과 함께 자아 존중감과 자기 효능감을 향상할 수 있으며, 더 큰 사회구성원으로서 소속감과 책임감을 기를 수 있다. 또한 봉사 기관 혹은 봉사 대상자들의 요구와 필요에 충족한 타인을 위한 봉사 활동을 하게 됨으로써 타인에 대한 배려와 존중을 배우고, 문제 해결력과 대인관계 능력, 소통 능력을 함양할 수 있으며, 사회문제에 참여하게 됨으로써 지역사회에 관한 관심과 책임감, 참여의식이 증대되어, 세계 시민으로서 성장해 갈 수 있는 발판을 마련한다.

3. 서비스러닝과 일반 자원봉사의 차이

서비스러닝은 종종 일반적인 자원봉사 활동과 혼동되곤 한다. 하지만 두 활동 사이에는 5가지의 주요한 차이점이 있다.

첫째, 학습 목표와의 연계성이다. 서비스러닝은 교과과정의 학습 목표와 직접적으로 연결되는 반면, 일반 자원봉사는 학습 목표와 반드시 연결되지 않는다.

둘째, 성찰 과정이다. 서비스러닝에서는 체계적인 성찰 과정이 필수적이다. 학생들은 자기 경험을 깊이 있게 분석하고, 이를 학습 내용과 연결 짓고, 활동에 참여하며 학습을 심화시킨다. 일반 자원봉사에서는 이러한 성찰 과정이 필수적으로 요구되지 않는다.

셋째, 상호 호혜성이다. 서비스러닝은 학생과 지역사회 모두에게 이익이 되도록 설계한다. 학생은 실제적인 학습 경험을 얻고, 지역사회는 필요한 서비스를 제공받는 형태이다.

넷째, 지속성과 구조화가 다르다. 서비스러닝은 일회성 활동이 아니라, 한 학기 또는 그 이상 지속되는 구조화된 프로그램이다. 일반 자원봉사는 단기적이거나 비정기적일 수 있다.

다섯째, 평가 부분이다. 서비스러닝에서는 학생의 학습 성과와 지역사회에 미친 영향을 체계적으로 평가한다. 일반 자원봉사에서는 이러한 평가 과정이 덜 구조화되어 있거나 필요하지 않다. 이런 차이점들로 인해 서비스러닝은 단순한 봉사 활동을 넘어 심도 있는 학습 경험과 시민의식 함양의 기회를 제공한다.

4. 서비스러닝의 글로벌 동향과 국내 대학 운영 현황

서비스러닝은 전 세계적으로 높은 관심을 받으며 다양한 형태로 발전하고 있다.

서비스러닝의 발상지인 미국에서는 대부분의 고등교육기관이 서비스러닝 프로그램을 운영하고 있다. 캠퍼스 콤팩트(Campus Compact)라는 전국적 연합체를 통해 대학들의 서비스러닝 활동을 지원하고 있다(진성희, 2018). 유럽에서는 유럽 고등 교육 영역(EHEA)에서 '사회적 차원'의 중요성을 강조하며 적극적으로 서비스러닝을 도입했으며, 특히 아일랜드, 스페인, 네덜란드 등에서 활발히 진행되고 있다.

아시아도 한국, 일본, 싱가포르, 홍콩 등에서 서비스러닝이 활발히 도입되고 있으며, 일본의 국제기독교대학(ICU)은 아시아 최초로 서비스러닝 센터를 설립하기도 했다. 미국, 유럽, 아시아를 넘어 라틴 아메리카의 많은 국가에서 서비스러닝을 의무 교육 과정으로 도입했다. 특히 아르헨티나의 경우, 중등 교육 과정에서 서비스러닝 활동을 필수로 채택했다.

서비스러닝의 글로벌화가 지속되는 가운데, 국제 서비스러닝 협회(International Association for Research on Service-Learning and Community Engagement, IARSLCE)와 같은 단체를 통해 전 세계의 서비스러닝 실천가와 연구자들이 지식과 경험을 공유하며 글로벌 네트워크를 확대하고 있다.

서비스러닝은 COVID-19 팬데믹 이후, 많은 대학이 온라인 또는 하이브리드 형태의 서비스러닝 모델을 개발하고 있으며, 이는 서비스러닝의 새로운 가능성까지 열어주고 있다. 이런 글로벌 동향은 서비스러닝이 단순한 교육 방법론을 넘어 전 세계적인 교육 혁신 운동으로 발전하고 있음을 보여주고 있다. 한국의 대학들도 이런 글로벌 네트워크에 적극 참여하여 국제적 수준의 서비스러닝 프로그램을 운영 및 개발하고 있다.

서울시립대학교는 2015년 ACE(학부교육 선도대학 육성사업) 2기 사업의 신규 개발 사업으로 서비스러닝을 처음 도입하였다. 국내 유일 공립대학으로서 공공성과 사회적 책무성에 기여하고, ACE 2기 사업의 다양화를 위한 신규 사업 개발의 필요성을 충족하기 위함과 동시에, 더욱 특색 있고 경쟁력 있는 교수(Teaching)-학습 (Learning) 지원 체계를 구축하고 강화하여 미래 사회 인재를 양성하기 위한 목적에서 시작되었다.

서울시립대학교의 초창기 서비스러닝(Service-Learning) 모델은 "SERVICE-learning", 즉, '봉사'를 중점으로 하며, 수업은 학생들의 지역사회 참여 경험을 평가에 반영하는 부수적 형태였다. 다시 말해, 전공과 무관하게 학생들이 참여할 수 있는 지역사회 문제를 발굴하고, 관련 문제 해결을 위해 전문적인 자원의 조력이 될 교수자에게 학생들이 제안하여 해결하고 평가받는 '재능 나눔 서비스러닝'의 형태였다. 그러나, 2019년 '대학혁신 지원사업' 1주기가 시작되며, 봉사 활동과 수업이 동등한 비중을 갖는 가장 이상적인 "SERVICE-LEARNING" 형태인 '학습 연계 서비스러닝'의 형태로 개선되어 운영되기 시작했다.

대학혁신 지원사업은 대학의 자율성을 확대하고 미래 사회 변화에 대응하기 위해 시작된 정부 지원사업인데, 국가의 혁신 성장을 주도할 '미래형 창의인재 양성 체제 구축'이라는 비전을 통해, 국가 혁신 성장의 기반을 마련하는 것을 목표로 하고 있다. 서비스러닝이 반성적 사고를 통한 성찰(Reflection)과 호혜성(Reciprocity)을 핵심 요소로, 서비스러닝 과정에서 학생들에게 일어나는 인지적, 개인적 발달과 통찰의 순간을 인식함으로써 봉사 경험이 단순 체험에서 진정한 학습 심화로 이끌어 가는 것을 볼 때, 대학생들의 학습과 발달을 증진하기 위한 유의미한 교육적, 사회적 활동임을 보여주고 있다. 이는 대학혁신 지원사업의 비전을 수행하는 미션으로서 서비스러닝이 매우 적합하고, 효과적이라는 것을 알 수 있다. 미국에서는 이미 서비스러닝의 교육적 성과에 대해 대학생들의 사회성, 리더십, 민주시민 의식, 사회적 책임감, 복지 의식, 이타성 등의 향상과 사회문제에 대한 인식 증진, 공동체 사회가 지향하는 가치적, 공생적, 질적인 삶을 위한 본질적 인성 함양 등의 긍정적인 결과들이 있다고 보고되고 있다.

서울시립대뿐만 아니라, 국내 유수 대학들도 정규 교과과정에서 서비스러닝을 도입하고, 일부 대학은 의무 이수 과목으로 지정하여 운영하고 있다. 예를 들어, 서울대학교는 '사회봉사' 교과목을 통해 서비스러닝을 실시하고 있으며, 학생들은 다양한 사회 복지 기관에서 봉사 활동을 수행한다. 연세대학교 같은 경우는 '사회봉사 리더십' 프로그램을 운영하여 학생들의 봉사 활동과 리더십 개발을 연계하고 있고, 고려대학교는 '공공 봉사' 교과목을 통해 학생들이 지역사회 문제 해결에 참여하도록 하고 있다. 한양대학교는 '사회혁신' 과목을, 성균관대학교는 '지역사회 공헌' 프로그램을 통해 학생들이 지역사회와 연계된 봉사 활동을 수행하고 있으며, 서울여자대학교는 '사회봉사' 교양 교과목으로 운영 중이며, 동덕여자대학교는 '졸업 자격 인증 과목'으로 '사회봉사'라는 교과에 서비스러닝을 과정에 포함하여 운영 중이다. 국내/해외 봉사 프로그램 및 대학 자체 개발 해외 봉사 프로그램 등 3가지 형태로 서비스러닝과 연계하여 특화했으며, 코로나19 팬데믹 기간 동안에 오프라인 해외 현장 파견이 어려워짐에 따라 온라인 해외봉사단을 구성하여 활동을 지속하기도 했다. 이외에도, 동명대학교 한국어

교육다문화학과, 간호학과, 시각디자인학과, 뷰티산업학과 등의 학과에서 서비스러닝을 운영했으며, 전남대학교는 사회과학대에서 지역사회와 연계하여 서비스러닝 프로그램을 개발하고 참여하는 재능기부형 서비스러닝을 운영했다. 이외에도 광주대, 광주여대, 전주대 등 다양한 대학교에서 서비스러닝을 실시하고 있다. 각각의 대학별로 운영의 방식은 조금씩 다르지만, 일부 대학은 졸업 자격 인증 과목으로 '사회봉사' 교과목을 서비스러닝에 연계하여 진행함으로써, 봉사 활동을 체계적으로 관리하고, 이를 통해 서비스러닝의 효과성을 높이려는 대학의 교육 혁신은 지속되고 있다.

5. 서비스러닝의 중요성과 가치

시대의 흐름이 책상 앞에서만 하는 학문 탐구를 넘어 학문의 실용성을 요구하고 있고, 사회에서도 실천력을 가진 전문 인재 양성이 필요하다. 또한 AI 기술의 급속한 발전으로 교육 환경이 빠르게 변화하고 있어, 서비스러닝의 중요성은 더욱 부각되고 있다.

서비스러닝 교수법은 그 자체만으로도 새롭게 시도되는 방법이지만, 교수-학습 과정에서 기존의 학교 내 교육뿐 아니라, 팀 기반 학습, 문제해결학습, 협력학습, 프로젝트 학습, 현장 학습 등의 다양한 교육방식을 다각도로 접목하여 진행할 수 있으므로 학생들의 잠재력 개발에 큰 도움이 된다. 특히 서비스러닝은 대학생의 핵심 역량 신장에 긍정적인 교육 효과를 주는 것(강지연, 2022)으로 밝혀진 바 있다.

서비스러닝의 핵심 요소는 다음 4가지이다. 첫째, 의미 있는 봉사, 둘째, 학업과의 연계, 셋째, 성찰, 넷째, 상호 호혜성이다. 학생들은 실제 지역사회의 요구를 충족시키는 봉사 활동에 참여하며, 봉사 활동은 전공 및 교양 교과과정과 밀접하게 연관되어 있어, 학생들이 이론적 지식을 실제 상황에 적용하며 교수자가 설계한 학습 목표를 심화할 수 있다. 이 과정에서 학생들은 사회문제에 대해 인식하고 책임감 있는 시민으로 성장할 수 있는 경험을 할 뿐 아니라, 리더십, 의사소통 능력, 문제 해결 능력 등, 다양한 개인 역량을 개발할 수 있으며, 나아가 지역사회의 문제 해결에 기여하며 지역사회 발전에 공헌한다. 학생들은 이론과 실제, 학교와 지역사회, 인지적 학습과 정서적 경험을 통합하는 학습 과정을 통해, 자신의 봉사 경험을 깊이 있게 성찰하고, '학업적', '개인적', '사회적', '직업적'으로 능력을 강화하게 된다.

서비스러닝은 대학의 사회적 기여도 면에서도 의미가 크다. 특히 전국 유일 공립대학교인 서울시립대가 대학으로서 지역사회와의 동반 성장을 위한 사회적 공헌이라는 비전을 수행하기 위해서는 서비스러닝 같은 지역사회와의 소통 창구와 브리지 역할이 필요하다. 교수학습개발센터는 서비스러닝을 통해, 지역사회의 다양한 사회적 미션에 관심을 두고 지속해서 소셜 미션(Social Mission) 발굴을 진행한다. 대학이 갖고 있는 풍부한 인적·물적 자원을 이용하여 지역사회의 필요한 곳에 자원을 나누고 혜택을 줄 수 있다면, 대학의 사회적 공헌은 누군가에게 문제 해결의 기회이자 성장의 발판이 된다. 교수학습개발센터는 대학 교육의 실용성과 미래 인재 양성, 나아가 대학의 사회적 공헌을 통한 지역사회와의 동반 성장을 위한 목표를 달성하기 위해서 끊임없는 연구와 개선에 힘쓰고 있다.

제2장 북한출신 아동 및 청소년 대상 서비스러닝의 시작

1. 서비스러닝과 북한이주민 지원의 연계 필요성

2022학년도 2학기 서비스러닝 교과목 개발 심사를 통해 교양교육부 전주람 교수의 「심리학의 이해」라는 교양 교과목이 신규 개발되었다. 심리학의 이해 교과목은 1~4학년의 다양한 학과 학생들이 참여하는 교양 교과목이다. 인간으로 태어나면서 생애 전반의 과정에서 맺게 되는 다양한 사람들과의 관계에서 느끼는 심리를, 심리학을 통해 탐구하고 이해하는 학습 목표를 갖고 있다. 수업계획서에 다문화사회 및 북한이주민에 대한 편견과 고정관념에 대해 생각해 보는 부분이 있었다. 한국에 정착한 북한이주민들을 우리는 어떻게 바라보고 있으며, 일상의 의식주부터 진로, 직장, 결혼, 육아, 노년의 삶에 이르기까지 생애 전반에 걸쳐 남한과 북한의 서로 다른 문화적 차이로 인한 고정관념을 발견하고 시각을 전환해보는 과정이 있어, 실제 북한이주민과의 교류를 통해 '편견'이나 '차이'에 대한 이해와 통찰을 갖출 수 있는 기회가 필요했다. 필자는 2022년 1학기부터 서비스러닝 사업을 담당했는데, 이때까지만 해도 북한이주민을 위한 서비스러닝 연계 기관이 발굴되어 있지 않아, 동대문구 가족센터 또는 지역 내의 다문화 가정 지원을 위한 사단법인과의 연계를 통해, 간접적인 봉사만 이어왔다. 2019년부터 국제관계학과 임○○ 교수님의 「남북한 관계」 교과목이 서비스러닝으로 개발되어, 지속해서 직접적인 북한이주민의 안정적인 지역사회 정착을 돕는 일을 수행하는 기관 연계 요청이 있었으나, 연계가 쉽지 않았다. 이전 서비스러닝 담당자가 몇 년간 서울○○센터에 서비스러닝 연계 요청을 했지만 좀처럼 문을 열지 않았다고 한다. 그 이유를 곰곰이 생각해 보니, 첫째, 북한이주민을 위한 지원 센터가 많지 않았고, 둘째, 서비스러닝에 대해 연계 기관의 이해도가 낮아 연계 시 기관과 수혜자가 얻는 이점을 설득력 있게 제시하지 못했으며, 셋째, 북한이주민을 단순히 도움이 필요한 계층으로만 인식하고 단편적으로 접근한 것이 문제였다고 생각되었다. 그들에 대한 이해도가 낮은 상황에서 단순한 서비스러닝 연계를 진행하기에는 이해 충돌이 있었기에 연계가 쉽지 않았을 것이라는 결론이 났다.

그래서 서비스러닝 담당자인 나는 그들이 내 가족이라면 그들에게 필요한 것이 무엇인지 고민해 보았다. 북한이주민들이 태어난 곳은 북한이지만, 한국 사회에 정착하여 같은 제도적, 문화적 권역 안에서 살아가는 똑같은 사람들이라고 생각하고, 그들이 무엇을 가장 고민하고 살고 있으며, 무엇을 가장 필요로 할까를 생각하며 연계를 위한 설계를 진행했다.

생애 주기별로 사람들이 하게 되는 고민을 그들도 역시 똑같이 하게 될 것이므로, 특정 계층과의 소통이 아니라, 우리 주변 소외된 사람들이라고 생각했을 때 〈심리학의 이해〉라는 교과목과 북한이주민과의 연계점이 명확해졌다.

2. 놀이 · 학습 멘토링 프로그램

북한이주민 가정 자녀들은 한국 사회 적응 과정에서 다양한 어려움을 겪는다. 언어의 차이, 문화적 격차, 학업 수준의 차이 등으로 인해 학교와 사회생활에서 어려움을 겪는 경우가 많은 것으로 알려져 있다. 또한, 심리적으로도 정체성 혼란, 차별에 대한 두려움 등을 경험하는 경우가 많다. 이는 부모가 먼저 한국에 정착한 이후 아이들이 나중에 들어오는 경우, 탈북의 과정에서 제3국인(예: 중국인)과의 혼인으로 태어난 아이들이 전혀 다른 정치 체제와 문화 속에서 성장하다 한국으로 부모를 따라 정착한 경우 등 다양한 배경 때문이다. 이 외에도, 부모님이 한국에서 아이를 출산한 경우도 있는데, 그럴 경우 부모님이 북한이주민이라는 사실을 전혀 모르는 아이들도 있다. 이렇게 다양한 성장 과정을 가진 북한이주민 가정 자녀들의 필요를 충족시키면서 동시에 대학생들에게 실질적인 경험과 학습의 기회를 제공할 수 있는 이상적인 방법으로 서비스러닝이 매우 적합하다. 대학생 멘토들은 학업 지원뿐만 아니라 정서적 지원도 제공할 수 있으며, 이 과정에서 자신들의 학문적 지식을 실제 상황에 적용하고 사회적 책임감을 기를 수 있다. 이에 따라 그들과의 연결을 돕는 매개체로 '놀이 · 학습 멘토링'을 선택했다. 서울시립대 학생들의 학업 성취도를 생각한다면, 그들이 갖고 있는 학업에 대한 기본 역량을 이용하여 '놀이 · 학습 멘토링' 봉사를 할 수 있는 장점이 충분했다. 현재 지역의 다양한 기관에서 '학습멘토링' 사업을 많이 진행하고 있지만, 북한이주민 가정의 아이들을 대상으로 진행한다는 점과, 더 다양한 연령대를 커버할 수 있으면서도, 시간에 대한 상호 유연성을 가지고 있고, 봉사자인 학생들이 너무 많은 시간과 에너지를 들이지 않고도 준비가 가능한 놀이 · 학습 멘토링은 봉사자-수혜자 모두 윈-윈 할 수 있는 교류의 매개체라고 확신했다. 학습 멘토링은 대학생 멘토들이 북한이주민 가정에 직접 방문하여 다양한 연령대 자녀들의 학업을 지원한다. 이는 단순한 과제 도움을 넘어, 한국의 교육 시스템에 대한 이해를 돕고, 효과적인 학습 방법을 가르치는 것을 포함한다.

놀이 멘토링도 역시 대학생 멘토들이 북한이주민 가정에 직접 방문하여 다소 나이가 어린 학생들을 대상으로 다양한 놀이와 활동을 통해 멘티들의 사회성 발달과 정서적 안정을 도모한다. 이 또한 한국 문화에 대한 이해를 높이고, 아이들의 스트레스 해소에 도움을 준다.

두 가지 프로그램은 연령에 따라 다르게 각각 개별 채택 가능하고, 두 가지 멘토링을 병합하여 멘티와의 라포 형성과 상호 긴장감을 해소할 수 있도록 놀이와 학습 멘토링을 하이브리드 형태로 진행할 수 있다. '놀이 · 학습 멘토링'은 주 1~2회, 1~2시간 정도 진행되며(때로는 더 진행되는 경우도 많음), 멘토와 멘티의 일정을 고려하여 유연하게 조정이 가능하다. 또한, 심리학적 접근을 바탕으로 멘티의 심리 상태를 관찰하고 필요시 교수님(전문가)의 도움을 받아 심리 상태를 분석하여 필요한 도움을 줄 수 있도록 서울○○센터에 연계한다.

이렇게 연계할 교과목이 〈심리학의 이해〉인 만큼, 북한이주민 가정의 소아 · 청소년 및 대학생들을 대상으로 심리적 교류 활동을 진행하고, 상호 이해를 바탕으로 한 학습이나 놀이 멘토링 프로그램을 기획 · 개발하는 데 초점을 둔다면 지속적인 연계가 가능할 것으로 생각되었다.

담당자로서 서비스러닝 연계 기관 발굴 시 연결될 프로세스에 대한 깊은 이해로부터 시작한 첫걸음이 결국 서울〇〇센터와의 연결을 이끌었다. 두 번의 미팅을 통해 서울〇〇센터의 요구 사항을 반영한 '놀이와 학습'을 매개로 한 '심리상담+놀이+학습 멘토링' 제공의 형태로, 북한이주민 가정과의 연결이 시작되었다. 북한이주민 가정 아이들의 한국 사회 적응도와 학습 적응력 등 다각적인 가정 실태 조사의 중간자로서 서비스러닝 참여 학생들을 포지셔닝하고, 자연스럽게 친해짐과 동시에 심리상담을 유도하여, 북한이주민 가정 아이들의 학습 적응도 측정과 사회적 욕구 파악, 가정 실태 조사 등을 수행하는 최종 역할을 부여했다.

첫 '놀이 · 학습 멘토링'에서 북한이주민 가정 아이들과 매칭된 학생은 단 두 명이었다. 국제학교에 재학 중인 중학교 2학년 여학생과 초등학교 3학년에 재학 중인 남학생이 첫 매칭 사례이다. 프로그램 시행 이후 참여한 북한이주민 가정 자녀들의 학업 성취도가 향상되었고, 사회 적응력도 개선되었다는 긍정적인 피드백이 있었다. 멘토로 참여한 대학생들도 이 경험을 통해 북한이주민에 대한 이해가 깊어졌고, 고정관념이나 편견을 모두 깰 수 있는 좋은 계기가 되었다고 했다. 또한, 대학생으로서 탈북민 가정에 도움을 줄 수 있는 경험을 통해 사회적 책임감과 리더십 능력이 향상되는 등, 스스로도 성장할 수 있는 값진 기회였다고 평가했다.

서울○○센터를 통해 서울시립대는 매 학기 '학습 · 놀이 멘토링'을 지속 진행하고 있다. 2022년 「심리학의 이해」 교과목을 시작으로, 2023년 「심리검사를 활용한 심리치료」 교양 교과목도 서비스러닝으로 개발되었다. 이 두 교양 교과목을 통해 북한이주민 가정 자녀의 학습 적응도 향상 및 지역사회 적응 실태 조사를 목표로 한 서비스러닝에 참여 학생들이 연결되어 봉사 활동을 지속하고 있다. 다만 두 과목 모두 교양 교과목이기 때문에, 학생들이 전문적인 상담까지는 어렵다. 학생들은 간단한 심리검사 방법을 수업 시간에 배우고, 매칭된 북한이주민 가정 자녀들과 벽을 허무는 라포 형성의 역할에 사용한다. 좀 더 깊은 심리치료가 필요하거나, 심리 상담이 필요한 부분은 요청이 있을 경우 교과목을 개발한 전주람 교수님께 연계되어 서면 컨설팅을 진행 받을 수 있다.

제3장 지역사회와 함께하는 서비스러닝 :
매니저의 고민과 보람

1. 북한이주민 가정 대상 서비스러닝 운영의 시작과 성과

2022년 하반기부터 시작된 북한이주민 가정 자녀 대상 '놀이 · 학습 멘토링'은 2024년 2학기 현재까지 지속되고 있다.

사업 전반을 설계하는 과정에서 연계 기관의 업무 이해, 북한이주민 가정에 대한 이해, 서비스러닝 참여 학생들의 명확한 포지셔닝 등을 통해 편견의 벽을 허물고 상호 호혜의 원칙을 바탕으로 한 양질의 서비스러닝 제공의 기반을 마련했다. 참여 학생들은 처음에는 호기심으로 시작했지만, 멘토링 봉사 시간이 지날수록 더 진지하고 성실하게 임했다. 기관 담당자를 통해 강북 지역 북한이주민 가정의 현황과 특이 사항을 이해하면서, 우리 주변에서 함께 살아가는 그들에 대한 이해도가 더 높아졌다. 첫 단추를 잘 끼우고 나니, 연계 기관과의 세부 사항 논의와 대상자별 맞춤 멘토링 기획이 더욱 원활해졌다.

2. 서비스러닝 운영의 도전과제

서비스러닝 운영 과정에서 다양한 도전과제에 직면한다. 그중 매니저로서 느낀 가장 큰 도전과제는 다음과 같다.

- 시간과 자원의 제약
- 프로세스 간소화의 필요성
- 지속적 파트너십 관리 시스템 미비
- 학생들의 준비도 향상
- 서비스러닝 확산을 위한 홍보
- 윤리적 고려사항 대응

이 중 가장 큰 도전과제는 바로 시간과 자원의 제약, 그리고 지속적 파트너십 관리였다. 프로세스 간소화나 학생들의 준비도 향상, 서비스러닝 확산을 위한 홍보, 윤리적 고려 사항 대응 등은 센터 차원에서 직접 조정이 가능하고, 충분한 사전 교육과 준비를 통해 해소가 가능한 부분이다. 그러나, 시간과 자원의 제약, 지속적 파트너십 관리 시스템 미비 부분은 혼자서 풀어가기 어렵다. 시간 제약 부분은 봉사자와 수혜자 간 돌발적으로 벌어지기도 하고, 연계 기관의 인사이동이나 보직자 변경에 따라 비정기적으로 생기기도 한다. 북한이주민 대상 멘토링 서비스러닝 운영에 대한 매뉴얼(가이드)이나 관리 시스템이 없다 보니, 멘티 가정에 대한 상세한 상황에 대한 정보 제공이 부족하거나, 학습 멘토링 경험이 있는 학생들이 아니라면 어떤 커리큘럼으로 학습 멘토링을 구성해야 하는지에 대해 멘토 혼자 해결해야 하는 고충이 생긴다. 또한, 봉사자가 제공하기 어려운 학습 과목을 멘토링 하는 경우도 생기거나, 멘티 가정과 멘토의 거주지가 너무 멀어 멘토가 하루 대부분의 시간을, 봉사를 위해 사용해야 하는 번거로움도 생긴다. 심지어 봉사 활동을 위해 먼 거리를 이동하여 방문했지만, 문 앞에서 약속이 취소되어 허탈하게 돌아가야 하는 돌발 상황도 있다. 더 어려운 점은 봉사자와 수혜자를 매칭하는 연계 기관 중간관리자의 성격이나 사업 이해도, 보직 변경에 따른 인수인계 여부에도 일정한 파트너십 보장과 멘토링 진행 과정에서 발생하는 돌발 상황에 대한 대처가 어렵다는 점도 큰 문제이다. '학습멘토링'을 매개로 한 서비스러닝 프로그램은 동대문구〇〇센터와도 오랫동안 지속해 오고 있는데, 동대문구〇〇센터에서는 학습멘토링 운영에 대한 매뉴얼과 실시간 관리 시스템이 있고, 관련 사업을 전담하는 담당자가 따로 있어 멘토-멘티 매칭 시 큰 어려움 없이 진행되며, 학생들도 일정 시스템 아래 부담 없이 안정적으로 봉사를 참여할 수 있고, 담당자로서 스트레스도 덜하다.

　북한이주민 가정의 안정적인 한국 사회 정착을 돕기 위해 다문화가정의 학습멘토링 관리 시스템 같은 공공 시스템 도입은 절실하다고 생각한다. 현재 한국에 정착한 북한이주민의 총수는 34,121명(2024년 6월 기준)이다. 그 중, 서울 지역에 정착한 북한이주민의 총수는 약 20.6%인 6,743명(2023년 9월 말 기준)이다. 이 중 남성은 2,028명, 여성은 4,445명으로 여성의 비율이 68.7%를 차지한다. 서울에 정착한 여성 북한이주민의 연령대는 주로 30대와 40대에 집중되어 있으며, 이 두 연령대가 전체의 절반가량인 45.1%를 차지한다. 이 연령대의 여성은 아이를 기르고 있을 만한 가능성이 높다. 양육을 책임지고 있는 북한이주민 가정의 비율이 높은 만큼, 일과 양육을 양립하고 있는 가정의 비율도 높을 것으로 추측된다.

필자도 초등학교 2학년 자녀를 기르며 직장 생활을 하고 있는 엄마로서 정부 차원의 일·가정 양립 지원 정책은 사막의 오아시스 같은 존재이다. 대한민국에서 태어나 살아온 일반 가정에도 이런 지원 정책을 통한 지원과 관리는 안정적인 가정 운영을 돕는 필수 요소인데, 하물며 북한이주민 가정은 더 필요한 부분이 아닐까, 라는 생각이 든다. 그런 의미에서, 북한이주민 가정 자녀들의 한국 사회 적응 및 학업 역량 향상을 위한 인적 관리 시스템은 서비스러닝 운영 차원에서도 중요하고, 어렵게 한국에 정착한 미래의 꿈나무들을 한 나라의 중요한 구성원으로 성장하게 하는 발판이 되지 않을까 생각한다.

3. 서비스러닝 확산과 관리의 어려움

(서울시립대학교에서) 서비스러닝은 학기별로 적게는 6개, 많게는 10개 과목이 개발된다. 매년 전년도 개발 교과보다 1~2개의 교과목을 추가 개발하여, 서비스러닝 교육법을 전체 학과로 확산하기 위한 목표의 일환이다.

담당자로서 각 교과목별 학습 목표를 심화할 수 있는 최적의 기관이나 기업을 매번 연계하는 일은 매우 어렵다. 서비스러닝 개발 시 강의를 설계하는 교수자가 학습 목표를 심화할 기업과 프로젝트를 먼저 지정하고 직접 발굴할 수 있도록 안내하고 있지만, 교수자도 연계 기업 발굴에 어려움을 겪고 있다. 따라서 교수학습개발센터에서 서비스러닝의 목적에 맞게 연계 협의된 초기 기관(기업)

과의 관계 유지는 매우 중요하며, 세부 사항 논의, 운영 구조 수립, 활동 모니터링 등을 중개하고 관리하는 역할을 담당하고 있다.

이런 프로세스를 적용하여 연계했다고 하더라도, 이 프로그램에 참여하는 교수자-학생-기관(기업)이 모두 만족할 만한 미션을 끌어내고 취지에 맞는 세부적 운영 구조를 세우는 것은 생각만큼 쉽지 않다. 서비스러닝은 '봉사'를 통해 '학습'을 심화한다는 큰 틀을 가지고 있으므로, 봉사 활동이 사적 이익을 위한 것이거나, 수익 창출을 위한 직접적인 행위가 아니어야 한다. 까다로운 봉사 활동의 조건을 맞춰 소셜 미션을 찾거나, 초기 연계된 기관(기업)과 협업이 가능한 부분을 논의하다 보면 10개의 프로젝트를 한꺼번에 운영하는 느낌이 든다. 또한, 다음 학기에 어떤 교과목이 개발될지 모르기 때문에, 서비스러닝 사업 매니저로서 지역에서 일어날 법한 모든 것에 지속적인 관심과 이해가 필요하다.

다양한 기관 · 기업과의 교류를 직접 진행한다는 점에서, 그들의 조직 운영 상황을 이해하지 못한다면 좋은 봉사 프로그램을 연계하기도 어려울뿐더러, 지속성도 떨어진다. 이 프로그램이 대학의 교육에 혁신적 변화를 가져와 미래 인재 양성에 도움을 준다는 대의적 가치도 고려하지 않을 수 없다. 또한 서비스러닝은 의무 교육이 아닌, 비교과 프로그램의 일종으로, 서비스러닝으로 개발된 교과목을 수강하는 학생 중 신청을 통해 진행되고 있기 때문에, 대의적 가치와 함께, 참여자가 가져갈 실질적 가치도 명확해야 한다. 대학이 가지고 있는 전문자원을 이용하여, 지역사회에 공헌할 수 있는 범위와 역할도 지속해서 고민하고 맞추는 과정이 있어야 하므로 다각적인 역할을 위한 노력이 끝없이 요구된다.

또한 만약 서비스러닝을 담당하던 연계 기관의 담당자가 바뀌기라도 하면, 지속적 파트너십 유지를 위해 처음 프로그램을 세팅하는 과정을 다시 한번 진행해야 한다. 이런 다양한 도전과제가 여전히 존재하고, 담당자로서 다양한 고충도 있지만, 그 어떤 사업보다 성취감이 높다. 이런 과정을 통해 2022년부터는 서비스러닝 교과목을 고정적으로 운영하는 전공 교과목들이 생겨나기 시작했다. 나아가 학부 차원에서 서울시 기관과 협약을 맺고, 서비스러닝 교육방식을 플러그인하여 여러 개의 교과목을 하나의 서비스러닝 트랙으로 개발하는 경우도 있다. 이렇게 될 경우, 연계 기관에서도 지속해서 진행되는 고정 프로그램으로 관리되기 때문에, 담당자가 변경되더라도 큰 번거로움 없이 사업 운영이 이어진다. 또한, 서비스러닝 결과물의 완성도와 수준이 높고, 교과목 자체도 절대 평가로 진행되는 경우가 많기 때문에, 학생들이 프로젝트에 성실히 참여만 한다면 좋은 학점을 받는 데에도 장점이 있으며, 봉사 활동 시간 인증에도 다른 봉사 활동보다 더 많은 시간을 인증받을 수 있어 참여 매력도가 올라간다.

4. 봉사 활동 시간 인증의 문제

서비스러닝의 가장 큰 약점의 하나는 봉사 활동 시간 인증 문제다. 현재 봉사 활동 시간 인증은 '행동'에만 초점을 맞추고 있어, 준비와 이동 시간 등이 반영되지 않고 있으며, 서비스러닝 봉사에 대한 이해도가 떨어져 어떤 봉사 활동은 봉사로 인정하지 않는다. 이는 학생들이 서비스러닝에 적극적으로 참여하는 동기를 저하시키는 요인이 되고 있다. 교수학습개발센터에서는 수립된 계획을 바탕으로 이런 약점을 최대한 보완하는 역할에 초점을 맞춰 사업을 끌어가려 노력하고 있지만, 사회봉사 활동 인증 관련 부분은 외부의 봉사 시간 인증기관의 인정과 협조가 필요한 부분이기에 자체 해결이 어렵다.

봉사 활동 시간 인증 프로세스의 복잡성은 서비스러닝 운영의 가장 큰 걸림돌의 하나이다. 이는 단순한 행정 절차의 문제를 넘어, 학생들의 봉사 의욕과 프로그램의 효율성에 직접적인 영향을 미친다.

현재 서울시립대학교의 경우, 사회봉사 시간 인증 시스템 접근 권한이 학생과 사회공헌단의 주무관 단 한 명에게만 부여되어 있다. 각 기관별로 단 한 명의 인증 담당자를 두는 규정 때문이다. 이로 인해 인증 과정은 다음과 같은 복잡한 단계를 거치게 된다:

1단계, 학생의 활동일지 제출(서비스러닝 담당자에게)

2단계, 서비스러닝 담당자의 데이터 취합 및 전달(사회공헌단 주무관에게)

3단계, 1365 시스템 입력 (사회공헌단 주무관)

4단계, 1365 인증 담당자의 검토 및 피드백(사회공헌단 주무관에게)

5단계, 피드백에 따른 수정 및 보완 요청(서비스러닝 담당자에게)

6단계, 자료 수정 및 보완 후 리피드백(사회공헌단 주무관에게)

7단계, 최종 수정 확인 및 인증(사회공헌단 주무관이 1365 인증 담당자에게)

이 복잡한 과정이 매 학기마다 반복되는 현실은 담당자로서 큰 부담이 아닐 수 없다. 더욱이 우려되는 점은, 이 과정에서 서비스러닝의 본질과 가치가 제대로 전달되지 못할 수 있다는 것이다. 각 단계의 담당자들이 서비스러닝에 대한 깊은 이해 없이 단순히 행정적 절차로만 접근한다면, 학생들의 소중한 봉사 활동이 제대로 인정받지 못하는 안타까운 상황이 발생할 수 있고, 실제로도 종종 발생한다.

사회적기업이나 마을기업과도 서비스러닝을 진행하는 경우가 꽤 많은데, 가끔 봉사 인증기관에서 영리를 목적으로 하는 사회적기업의 봉사 활동은 시간을 인정하지 않겠다고 하는 경우도 많다. 비영리 마을기업이나 협동조합도 꽤 있지만, 대부분의 사회적기업은 법적으로 영리사업자이다. 일반 기업과 다른 점은 그들의 사업 목표가 사회적 문제를 해결하기 위해 영리 사업을 영위한다는 것이다. 그런데, 기본적인 사회적기업에 대한 이해도가 없는 상태에서 영리 사업자와의 협업이 봉사 활동이 아니라고 단정 짓는 경우가 종종 발생하고, 담당자인 나는 그것을 설득하느라 많은 에너지를 소모한다.

북한이주민 가정 자녀의 '학습·놀이 멘토링'도 1~2시간 정도의 멘토링을 위해, 봉사자가 수혜자의 가정으로 직접 방문해야 하는데, 서울○○센터에서 관리하는 북한이주민 범위가 강북이다 보니 매칭되는 멘티 가정과 멘토(봉사자) 거주지의 거리가 먼 경우가 많아, 이동 거리가 멘토링 시간보다 긴 경우도 종종 발생한다. 단, 1~2시간의 봉사 시간 인정을 받기 위해 개인이 사용하는 시간이 3~4배로 크다는 것은 서비스러닝 참여에 대한 동기를 떨어뜨린다. 서비스러닝을 통해 학업 성취도와 문제 해결 능력 증진, 실무 경험 축적 등 다양한 개인적, 사회적, 직업적 효과가 크다고 하더라도, 대학에 들어가면 낭만을 즐기던 옛 시절의 대학생과 달리, 취직과 스펙 쌓기에 누구보다 바쁜 대학 생활을 보내는 요즘 학생들의 현실을 생각한다면, 반나절 이상 시간을 들여야 하는 가정방문 멘토링 봉사자는 얻는 가치에 비해, 쓰는 시간과 에너지를 더 많이 소모하고 있다고 느낄 수밖에 없다.

2022년부터 개발돼 현재까지 잘 운영되고 있는 성악 문헌이라는 과목도 봉사 활동 시간 인정에 대한 범위가 연주회 당일에만 한정되어 있다 보니, 성악 연주회 2시간을 위해 행사를 기획하고, 연습하는 모든 시간을 포함하지 않는다는 것에, 학생들의 불만이 많이 제기되었다. 이 문제를 해결하기 위해, 월 1회 2시간 공연을, 월 3~4회 50분 공연으로 줄여 운영함으로써 조금이나마 해결했지만, 행사나 공연에 대한 봉사 인증 범위는 다른 봉사 활동 시간 인증 기준보다 더 편협하게 정해져 있다.

경영학부에서 서울시설공단과 서비스러닝으로 진행한 '서울시 따릉이 자전거 사용률 향상을 통해 교통난 해소 및 공유자원 활성화 목표를 위한 따릉이 이용권 G2B 모델 개발'도 기업에 따릉이 이용권을 판매하는 데 도움을 주는 프로젝트라는 이유로 영리 사업에 해당한다면서 봉사로 인정하지 않겠다는 피드백을 받은 적도 있다.

이러한 현실은 서비스러닝 프로그램의 지속가능성과 확장성에 큰 걸림돌이 된다. 학생들의 열정과 노력이 단순한 행정 절차에 막혀 제대로 인정받지 못한다면, 이는 프로그램 전체의 가치를 훼손할 수 있다. 따라서, 이 복잡한 인증 프로세스의 간소화와 함께, 관련 담당자들의 서비스러닝 사회공헌도에 이해도를 높이고, 서비스러닝만을 위한 사회봉사 인증 매뉴얼과 시스템을 도입하는 것이 시급한 과제라고 생각한다. 이를 통해 우리는 학생들의 봉사 정신을 더욱 고취시키고, 서비스러닝 프로그램의 진정한 가치를 실현할 수 있을 것이다.

5. 개선 노력과 성과

서비스러닝 담당자로서 운영 과정 중, 봉사를 하는 학생들을 위한 제출 서류 프로세스 개선에 신경을 가장 많이 쓰는 편이다. 서비스러닝은 준비-실행-성찰-평가-개선의 단계를 거치는데, 성찰과 평가의 단계에서 학생들은 봉사 활동이 진행되는 동안 매주 활동 후 성찰일지나 기관/기업이 요구하는 결과보고서를 제출한다. 서비스러닝의 효과성 입증과 추후 더욱 혁신적인 대학 교육을 위해, 데이터를 축적하는 것은 사업의 발전을 위해 매우 중요하다. 따라서 학생들이 제출하는 일지들은 가장 중요한 서비스러닝 데이터가 된다. 그러나, 교과목과 연계되어 진행되는 만큼, 학생들은 교과목 자체에서 진행하는 과제나 팀 활동도 병행하여 결과물을 포함한 보고서, 제안서, 활동일지, 성찰일지 등 다양한 서류를 제출해야 하다 보니, 부담이 크다. 또한, 다소 복잡한 수행 과정에 비해 봉사 활동으로 인정하는 범위는 편협하여 참여자의 불만도가 높으며, 이는 서비스러닝에 대한 매력도를 떨어트린다. 각 교과목별 서비스러닝 신청서부터, 활동계획서, 성찰일지(때에 따라 연계 기관이 요구하는 현장실습서나 결과보고서가 추가되기도 함), 활동 평가서, 시각적 결과물이 있는 활동일 경우 발표 자료 및 결과물까지, 참여 과정에서 더해지는 서류의 압박이 상당하므로, 최대한 학생 입장에서 제출 서류에 대한 부담을 덜어주려는 개선을 진행하고 있다. 예를 들어, 제출된 서류를 봉사 시간 인증기관에서 보완 제출하라는 피드백이 오지 않도록, 모든 서류를 담당자가 양식에 맞게 다시 보완 수정한다. 모든 학생의 서류 작성 역량도 다르기 때문에, 최대한 통일감 있고 보기 좋은 서류 제출을 위해 담당자의 개입은 필수이다. 또한, 많은 학생이 참여하는 서비스러닝이다 보니, 과목별 대면 오리엔테이션 운영은 사실상 불가하다. 온라인 오리엔테이션 운영 또한, 활동에 대한 상세 정보 제공을 목표로 설계되었지만, 참여도와 효과성이 떨어졌다. 따라서 매 학기 동영상 콘텐츠를 제작하여 교과목별 서비스러닝 오픈채팅방에 배포하고 있다. 동영상 콘텐츠는 참여자와 관리자의 시간적 제약을 즉시 해소할 좋은 방법이기 때문에 서비스러닝 참여자와 관리자 모두에게 이익이다. 동영상 오리엔테이션 콘텐츠에는 서비스러닝 참여에 대한 개괄적 정보, 제출 서류 작성법, 활동 시 발생하는 불편 사항 해결 방안, 사회봉사 시간 인증 처리에 대한 세부 정보 등 다양한 돌발 상황과 문의 사항에 즉각 대처하고 해결할 수 있도록 구성되어 있다.

각 과목별 모니터링 오픈채팅방은 24시간 소통 창구를 열어둔다. 담당자로서 학생들의 편의를 위해 24시간 소통 창구를 열어두며, 계속 해서 고민할 수밖에 없는 이유는 서비스러닝 활동 진행 중 학생들에게 가끔 발생하는 돌발 상황에 대처하기 위함이다. 또한, 참여한 학생들의 봉사 활동 시간 인증의 범위가 '행동'에만 초점을 맞춰 규정이 적용되어 있어, 봉사라는 '행동'을 위해 그들이 들이는 나머지 시간과 사용한 에너지만큼 보상을 하지 않기 때문에 최대한 이른 시간 내에 이런 돌발 상황의 고충들이라도 신속하게 해결해 주기 위함이다. '봉사'란 대가를 바라지 않고 누군가를 위해 하는 행위라고 하더라도, 한정적인 시간을, 누군가를 위해 하루 종일 써야 한다거나, 문제를 해결하는 데 너무 오랜 시간이 걸린다면, 프로그램에 대한 매력도와 재참여에 대한 동기도 떨어지기 때문이다.

이러한 도전과제에도 불구하고, 서비스러닝은 큰 성과를 거두고 있다. 학생들의 솔루션은 실용적이며 높은 완성도를 보이고 있고, 협업 기관(기업)과 수혜자의 만족도 또한 상당히 높다. 특히, 외부 기관에서 학생들의 활동에 대해 좋은 피드백이 오면 큰 성취감을 느낀다. 또한, 연계 기관에서 서비스러닝의 지속적인 진행을 요청해 올 때는 더할 나위 없이 기쁘다.

전주람

제2부

대학생 멘토들의
서비스러닝 참여 경험
내러티브

제1장[1] '서비스러닝' 용어 자체에 대한 고민

> * 인터뷰어 : 전주람
> * 인터뷰이 : 김○○(20대 초반, 여, 서울시립대학교 2024년 1학기 심리학
>   의 이해_서비스러닝 참여자), 방○○(20대 초반, 남, 서울시립대
>   학교 2024년 1학기 심리학의 이해_서비스러닝 참여자) 총 2인
> * 인터뷰 일시 : 2024.07.03.

김 : 저는 10살 여자아이 ○○와 만나고 있습니다. 부모님은 따로 뵙지 않고 있
으며, 부모님께서 일하고 계시는 시간에 멘티와 만나고 있습니다.

전 : 그 친구는 한국에서 태어났다고 하던가요?

김 : 예측하기로는 한국에서 태어난 것 같은데, 따로 그런 가정사를 이야기해
본 적은 없어요. 제가 말 꺼내면 그 친구에게 실례가 될 수도 있을 것 같아
서요.

전 : 아, 그렇기도 할 수 있겠네요.

김 : 사실 공부를 가르치는 데 있어 그런 것이 특별히 중요하다고 생각하지 않
아서요.

전 : 일단 20대 초반에 북한 사람 자체에 관심이 없을 수도 있는데, 어떻게 서
비스러닝을 신청하게 되었나요?

김 : 저는 사실 그런 부분에 대해 편견이 있는 편은 아니었어요. 저희 어머니가
예전에는 그런 일을 하신 적이 있어서요.

---

1   이 장에서는 멘토들이 보다 원활하게 서비스러닝 활동을 수행할 수 있도록 전주람이 슈퍼
바이저 역할을 하며 그들을 지도하였습니다. 여기에서는 멘토들이 북한 출신 아동과 청소
년들을 만나며 어떤 경험을 했는지를 그들의 이야기를 고스란히 전달하고자 하였습니다.

전 : 아, 그래요?

김 : 전업 직종은 아니지만, 가끔 북한 사람을 위해 자원봉사를 하러 가시곤 하거든요. 그래서 저도 어렸을 때 많이 따라가 보고, 그 친구들과 함께 놀아본 적도 있어요. 그때 대학생 자원봉사자분들을 본 적이 있어서 '그렇게 하는 건가 보다'라고 생각했죠. 어차피 대학을 졸업하려면 봉사 활동도 해야 하고, 학생들을 가르치면서 보람도 느끼는 게 좋겠다 싶어서 이렇게 시도해 보게 되었어요.

전 : 그러니까, 어머니의 일을 보면서 자연스럽게 받아들였군요. 자원봉사를 좋은 일로 생각하고 있었던 거네요. 그렇다면 직접 멘토 역할을 시작하기 전에 '북한 사람'에 대해 어떤 생각이 들었나요?

김 : 가기 전에 그 자체에 대한 선입견은 없었는데, (서비스러닝 방문 전) 교육 받을 때 남한과 문화가 달라서 어머니께서 아이에게 관심이 없는 경우도 있을 수 있다고 하셨거든요. 아니면 가정사가 조금 복잡해서 그런 부분에 대해 조심해야 할 수도 있다고 하셨죠. 그래서 혹시 가정 내 분위기가 별로 좋지 않으면 어떻게 해야 할까, 하는 걱정을 조금 하긴 했었어요. 그런데 막상 가보니까 아주 평범한 가정처럼 그런 안 좋은 분위기는 전혀 없어서 안심되었어요.

전 : 그랬구나. 그러니까 이제 뭐 크게 어렵지 않겠구나, 라는 느낌이 온 거네요. 한 명만 만난 거죠?

김 : 네, 저는 한 명만 계속 만나고 있어요.

전 : 학생이 처음에 뭐 물어본 건 없었나요?

김 : 사실 처음 만났을 때 오류가 있었어요. 아이가 제가 가는 프로그램 말고 다른 프로그램도 하나 보더라고요. 그래서 자기를 만나러 오는 게 여자 선생님이 아니라고 들었는데, 여자분이 들어오셔서 좀 이상했다고 하더라고요. (웃음)

전 : 정확히 어느 기관에서 오는지를 학생이 헷갈렸던 모양이네요. 잘못 온 줄 알았겠군요. 좀 당황했겠어요?

김 : 네, 살짝 그랬어요. 그래서 저도 설마 잘못 배정받은 건가 싶어서 확인했어요. 첫날은 정말 정신없이 어머니와 통화하면서 '혹시 제가 맞는 건가요?' 하고 확인했죠. 약간 정신이 없었어요. 어머니에게 확인했더니, 어머니를 통해 다른 프로그램도 하고 있어서 그분과 헷갈린 것 같다고 잘 설명해 주셨어요.

전 : 그래서 이후에는 어떻게 되었나요?

김 : 토요일에 오는 건 저뿐이라고요. (웃음) 잘 만났죠.

전 : 지금까지 몇 번 만났어요?

김 : 저는 지금까지 세 번 만났어요. 중간고사 기간은 제외하고요.

전 : 처음에 학생에게 프로그램에 관해 어떻게 설명해 줬어요?

김 : 저는 그냥 〈서비스러닝〉이나 그런 구체적인 프로그램명을 말하는 것도 혹시 아이 마음에 상처가 될까 봐 조심했어요. 신청한 프로그램은 대학생이 집에 와서 도와주고 공부를 가르쳐주는 건데, 도와준다는 측면에서 조심스러웠어요.

전 : 아, 〈서비스러닝〉 용어 자체에 대해 학생이 민감하게 반응할 수도 있다고 생각한 거군요.

김 : 맞아요. 아이는 사실 잘 모를 수도 있지만, 나중에 커서 이 프로그램명이 생각나서 검색해 보거나 하면 '북한이주민, 탈북민을 도와주는 거다'라고 알게 되면 자기가 동정받는다고 생각할 수도 있잖아요. 사실 사람마다 다르게 받아들이겠지만, 나중에 사춘기가 오면 그런 것에 대해 부끄러워할 수도 있으니까요. 솔직히 탈북민이라는 사실을 알리고 싶지 않을 수도 있고요. 그래서 이 프로그램에 대한 구체적인 사항은 말하지 않는 게 맞다고 생각했어요.

전 : 나도 (용어 자체에 대해) 생각해 보지 못한 걸 생각해 주었네. 어떻게 그런 생각을 할 수 있었을까요?

김 : 요즘은 SNS가 많이 발달해 있어서, 그런 식으로 인터넷을 많이 보다 보면

다 알게 되거든요. 인스타그램의 돋보기 기능 혹시 아세요?

전 : 아뇨.

김 : 인스타그램에 다른 사람들의 게시물을 쭉쭉 계속 볼 수 있는 유튜브 쇼츠 같은 게 있는데, 그런 걸 보면 남의 인생을 많이 볼 수 있거든요. 그리고 인 터넷에서는 사람들이 속마음을 좀 더 잘 드러내는 편이잖아요. 그런 걸 보 다 보면 그런 분들이 없는 건 아니더라고요. 예를 들어서 탈북민은 아니지 만, 집이 가난해서 장학금을 받는 경우에는 그걸 남에게 알리는 일이 있죠. 도움을 받는 분들이 나서서 말하지 않는데, 먼저 도움 주는 쪽이 말하고 다 니면 뭔가 상처가 되기도 하잖아요.

전 : 참, 좋은 생각이에요. 용어도 어떻게 쓰는 게 좋을지 고민이 필요할 것 같 아요. 아, 그래서 어떤 걸 가르쳐줬어요?

김 : 일단 ○○이가 제가 초3 과정을 아직 모르더라고요. 그래서 학교에서 뭐 배우고 있는지 살펴봤죠. 전체적으로 어떻게 하고 있는지, 무엇을 배우고 있는지 한번 봤어요. 어머니가 하고 싶은 것과 아이가 하고 싶은 것이 다를 거로 생각해서 이렇게 물어봤어요. '너는 뭐 하고 싶어?' '이걸 통해서 어 떤 과목을 더 잘할 수 있을까? 네가 원하면 영화를 보러 간다거나 야구장 에 가는 등 문화적인 활동도 할 수 있어.'라고 설명해 줬어요. 그랬더니 아 이가 수학과 과학을 하고 싶다고 했어요. 그래서 첫날은 아이가 들고 있는 학습지를 보면서 간단한 나눗셈을 해봤어요.

전 : 참 설명을 잘 해주었어요. 그래, 첫 회기가 끝나고 어떤 생각이 들었어요?

김 : 첫날 자체는 그렇게 큰 어려움이 없었던 것 같아요. 아이가 공부 욕심도 있 고 똑똑한데… 공부 욕심이 있는데, 선행학습을 하고 싶어 하더라고요. 앞 부분은 수월했지만, 뒤로 갈수록 아직 배우지 않은 부분에서 응용문제가 나오면 많이 헷갈리고 잘 이해를 못 하는 모습을 보이더라고요. 그래서 이 건 본인이 싫어하더라도 이전 단계를 배워야 할 것 같다고 생각했어요. 물 어봤더니, 자기는 지금 이걸 하고 싶다고 강하게 말해줘서 아이가 원하는 쪽으로 진행했죠. 이건 좀 고민해야 할 문제인 것 같아요.

전 : 애가 자신이 하고 싶은 게 무엇인지 뚜렷하게 말하네요. 두 번째 날에는 어떤 마음으로 갔어요?

김 : 두 번째 날에는 이 친구가 똑똑하니까 잘하겠구나, 생각했어요. 그리고 혹시 공부하기 싫은데 엄마가 하라고 해서 하는 건 아닐까 싶어서, '○○야, 너 진짜 공부 안 해도 되고 다른 거 해도 돼. 뭐 하고 싶은 거 있어? 그림 그리기 같은 거 해도 괜찮아.'라고 했는데, 그래도 자기는 그냥 수학과 과학을 하고 싶다고 하더라고요. 그때 공부에 욕심이 많은 아이구나, 그런 생각을 했던 것 같아요. 공부를 잘하고 싶어 하는구나 싶으면서, 조금 알려줬어요.

전 : 그날도 수학을 했었어요?

김 : 네.

전 : 두 번째 만남을 통해 어떤 생각이 들었어요? 무엇이 경험되었을까요?

김 : 처음 만나기 전에는 초3이면 정말 어린 아이라고 생각했는데, 생각보다 말을 잘하고 자아도 강하더라고요. TV에서는 살가운 아이들만 보다가, 그 친구는 약간 낯을 많이 가리는 아이였거든요. 하지만 생각보다 (아이가 저한테) 친근하게 말을 해주지 않아서, 그런 점에서 이 나이대 애들이 자기 주관이 강하구나 느꼈어요. 생각보다 감정적으로 교류가 많지 않아서 조금 아쉽다고 생각했던 것 같아요.

전 : 그러니까 정서적으로 활발한 교류는 없지만, 네가 생각했던 것보다는 많이 어른스럽다는 느낌이 드는 거군요? 아이의 신체 발육 상태는 별문제 없었어요?

김 : 보통인 것 같아요. 그냥 딱 초3 같아요.

전 : 그렇구나. (서비스러닝에 참여한 선배들 얘기 중에는) 자기는 좀 포부를 갖고 어떤 목표 지점을 향해 마치 과외하듯이 빡 세게 하지 못해 조금 심심하거나 목표가 명확지 않다는 얘기도 있었거든요. 그 부분에 대해 어떻게 생각해요?

김 : 그런 부분은 저도 사실 조금 느끼고 있어요. 왜냐하면 거기 가는 데 1시간이 걸리는데, 그 친구가 해온 숙제를 한번 보고 같이 풀어보면 생각보다 몇 문제를 못 풀거든요. 그 친구에게 설명해 주고, 그 친구가 이해하지 못하면 그 문제를 계속 봐야 하는 상황이라, 생각보다 많이 공부할 수 있는 건 아니에요. 그래서 오고 가는 시간에 비해 뭔가 하는 게 없고, 시간이 조금 부족하다는 생각이 들어요.

전 : 그렇지. 오고 가는 시간이 굉장히 많이 소비되고, 에너지도 들잖아. 대부분 반나절은 비워야 하는 상황일 텐데, 고퀄리티로 뭘 하는 것 같지 않고 그런 느낌이 있을 수 있어. 그렇다면 대학생으로서 과제도 많고 매우 바쁜 상황에서 그 서비스러닝 참여 자체에 대한 의미 부여는 어떻게 할 수 있을까?

김 : 사실 아이를 보니까 학교에서 하는 거나 학습지로 하는 것에 부족한 부분이 좀 있는 것 같아요. 완전히 수학 개념에 대한 이해를 하지 못한 거죠. 그런 부분을, 저를 통해서 보충해 나가는 것 같아요. 그래서 본인과 학부모님도 되게 만족을 많이 하시더라고요. 저번에 어머니가 문자로 ○○가 선생님이 너무 잘 가르쳐주신다고 감사하다고 보내주신 적도 있었거든요. 그런 걸 보면서 약간 보람을 느끼는 것 같아요.

전 : 그러니까 어떻게 보면 네 입장에서는 조금 아무것도 안 하는 것 같은 느낌이 없지는 않은데, 학생과 학부모님의 입장에서는 참 필요한 걸 배우는 경험이 될 수도 있겠어. 네 입장에서는 기대가 충족되지 않을 수도 있지만, 사실 아이에게는 도움이 되는 일이잖아. 네가 방문하는 날 어머니가 안 계신 걸 보면 일하러 나가셨을 테고, 아무래도 경제적으로 돈을 벌어야 하는 상황에서 아이가 혼자 공부하거나 시간을 갖는 게 신경 쓰일 수 있을 것 같아. 믿을 만한 대학생 멘토가 와서 부족한 학습을 보충해 주면 어머니 입장에서는 정말 감사할 것 같고, 안정감도 느낄 수 있을 것 같아. 그 외에 '이런 걸 해볼까?' 하면서 시도해 본 건 있을까?

김 : 뭔가 새롭게 시도한 건 없지만, 그때 계속 생각하고 있는 게 있어요. 아직 교재가 없긴 한데, 그때 과학도 하고 싶다고 했었거든요. 그래서 과학 한 번, 수학 한 번, 아이가 문제를 풀다가 너무 어려워하고 힘들어하면 과목을

바꿔서 해볼까, 하는 생각은 하고 있어요. 서비스러닝에서 교재를 한 곳만 지원해 줘서 교재가 없다 보니, 그 부분에 대해 어떻게 할까, 고민되더라고요.

전 : 어떤 바운더리를 정해야겠네요. 작년에 서비스러닝 선배들과 이런 활동을 조금 해봤었는데, 백지에 자기 마음을 표현해 보라고 하거나, 강점이나 자원을 끄집어낼 방법을 시도했어요. 목표를 잡고 심리적 개입을 직접 하는 것보다는 공부하는 과정에서 학생이 지닌 강점이나 자원을 종종 읽어주는 방식이었죠. 이번 주에는 백지를 놓고 마음속에 있는 걸 그려본다든지, 장단점을 파악해 보는 것을 시도해 봐도 좋을 것 같아요. 예를 들어, 한 학생이 자기 의사 표현이 좋다고 했을 때, "지금 나한테 얘기한 걸 보니, ○○야. 선생님은 너를 초3이라서 되게 어리다고 생각했었는데, 내가 생각했던 것보다 네가 자기표현을 잘하고 있는 것 같아." 이런 식으로 이야기해 줄 수 있겠죠.

멘토 방○○의 합류

전 : 어서 와요. 우리 어떻게 만나는지 얘기하고 있었는데, 나는 대학생 때 북한 사람에 대해 별로 관심이 없었어요. 다른 나라 이야기 같았거든요. 그런데 너희들이 서비스에 신청한 것이 대단하다는 생각이 들어요. 어떤 이유로 신청했을까요?

방 : 그냥 북한 사람에 대해 관심이 있어서 한 번 만나보면 좋겠다고 생각했어요.

전 : 왜 그런 생각이 들었을까요? 수업도 많고 과제도 많은데…

방 : (북한 사람을) 만나볼 기회가 없잖아요. 살다 보면 한 번쯤 만나는 것도 나쁘지 않겠다 싶어서 해보게 됐어요.

전 : 그렇군요. 직접 만나보니까 어땠어요? 기존에 생각했던 것과 다른 점이 있었나요?

방 : 우리나라 사람과 별 차이는 없는 것 같아요. 아이가 중국에서 태어난 걸로 알고 있어요.

전 : 그렇군요. 지금 연구에서도 보면 북한 배경의 청소년들이 제3국에서 태어난 경우가 더 사각지대에 있는데, 관심을 가질 필요가 있는 것 같아요. 멘티가 네 방문의 목적을 잘 알고 있었을까요?

방 : 제가 수업을 가르쳐주러 왔다는 건 알고 있었어요. 부모님은 영어를 가르쳐주길 원하더라고요. 그래서 영어를 가르쳐주러 갔다고 했습니다. 그때 아이는 별로 좋아하지 않았는데, 지금 보면 만족스러워하는 것 같아요. 지금 5번 정도 갔는데, 영어 배우면서 재미를 느낀 것 같아요.

전 : 몇 번으로 재미를 붙이기 쉽지 않았을 텐데, 어떻게 가르쳐주었어요?

방 : 책에 있는 문제를 풀고, 한 센터에 연락해서 교과서를 샀어요. 영어 교재를 구매했죠.

전 : 직접 연락하고 교재를 구매하고 센터로 가서 교재를 찾으러 가고. 많은 시간과 노력이 드는 일이죠? 그런 면에서 이 일에 의미가 부여되지 않으면 할 수 없는 일이기도 한데, 네가 느끼기에 시간이나 에너지 소모는 어떤가요? 멘토로 참여하는 대학생 입장에서 어떤 보상이 있어야 한다고 생각하나요?

방 : 사실 내가 이런 배경에서 학생을 도와주며 느끼는 뿌듯함 같은 정서적인 보상을 반드시 가지려고 하는 건 아니지만, 아이가 만족하는 것 같고요, (서비스러닝을) 하기로 했으니까 해야지, 라는 마음으로 계속 가고 있는 것 같아요. 여기 애는 잘 따라주는 것 같긴 해요.

전 : 잘 따라주나요?

방 : 만족도는 있는 것 같아요. '하기로 했으니까 해야지.'라는 마음으로 계속 가고 있는 것 같아요.

전 : 그러니까 이제 뭐 해야 하니까 하는 건데… 그럼 네가 받는 어떤 보상… 이런 거 어떤 게 있는 것 같아? 뿌듯함이 있어? 아니면 봉사 시간을 주니

까… 그렇지? 어떤 것들이 있는 것 같아?

방 : 뿌듯함?

전 : 그러니까 '내가 얘한테 도움을 줬다.' 이런 거를…? 얘가 조금… 향상할 수
　　 있도록… 그러면 가르치는 건 어렵지 않을 것 같고, 그렇지? 이제 수능 본
　　 지 얼마 안 됐으니까… 잘 가르칠 수 있고… 어머니도 계세요?

방 : 어머니도 잘 대해주세요.

전 : 그렇구나. 어머니의 말투는 어떻게 느껴졌어요?

방 : 어머니 말투가 약간 우리나라 말투랑 다르긴 해요.

전 : 달라요? 그럼, 어머니의 태도나 집안 분위기는 어떤가요?

방 : 태도나 그런 건 우리나라 사람과 크게 다르지 않다고 생각해요.

전 : 아, 그렇구나. 그런데 어떤 집에 가면 한 선배가 같이 수업하는데 어머니가
　　 자꾸 들어오더라고요. 우리나라는 과외를 하면 개인적인 공간이 있잖아
　　 요. 그런데 북쪽은 마을 공동체 문화라서 그런 걸까요? (노크 없이) 막 문
　　 을 열고 들어오시는 분이 계신다고 하더라고요. 나도 예전에 과외를 해봤
　　 지만, (그렇게 노크 없이 들어오면) 불편하잖아요. 좀 나가주셨으면 좋겠
　　 는데, 눈치 없이 옆에 앉아 계시면… 왜 저러지? 이렇게 생각하게 되잖아
　　 요. 그런 어떤 에피소드는 있었을까요?

방 : 그런 건 없었어요. 수업하는 동안 저랑 아이만 계속 같이 있었어요.

전 : 어머니는 한국식의 룰을 이미 잘 아시는 것 같아요, 그죠? 그러면 어려운
　　 점이 있을까요? 혹시 궁금한 점이나 질문이 있나요?

김 : 질문이긴 한데, 사실 애가 공부 욕심은 있는 것 같지만 공부를 그렇게 좋아
　　 하는 것 같지는 않거든요. 예를 들어 "선생님이 수학과 과학을 동시에 가
　　 르치고 싶은데 앞으로는 2시간씩 할까요?"라고 물어보니까, 자기는 1시간
　　 만 하고 싶다더라고요. 2시간까지 하면 너무 힘들다고… "1시간 반도 싫
　　 어?"라고 하니까 "1시간이 좋다."라고 완강하게 말하더라고요. 뭔가 잘하

고 싶긴 한데 공부 시간 자체를 늘리고 싶어 하는 것 같지는 않아요. 그래서 공부를 그렇게 좋아하는 것 같지는 않아서… 다른 것도 한번 해보고 싶거든요. 이 프로그램 자체가 문화적인 것도 알려주는 것 같아서…

전 : 그렇죠.

김 : 그런데 본인이 그런 문화적인 것에 관심이 있는지 없는지도 잘 모르겠어요. 그래서 하고 싶냐고 물어보면 그냥 수학만 하면 안 되냐고 계속 그러고… 그래서 그 친구가 공부를 그렇게 좋아하지 않는 것 같아서, 다른 활동을 해보고 싶은데 본인이 계속 말을 안 해주면 그냥 계속 수업할 수밖에 없을까요?

전 : 어떻게 해야 할까? 문화에 대해서나 교과 외의 활동에 대해 해보고 싶어 하는 거지?

김 : 네, 저는 한번 해보고 싶어요.

전 : 그거는 왜 해보고 싶어?

김 : 특별한 의미가 있는 건 아니고, 고등학교 때까지 예체능에서 미술을 했었거든요. 그래서 제가 가진 경험이나 노하우를 같이 공유하면 그 친구도 재미를 붙이지 않을까 싶어요. 저도 처음부터 미술에 재미가 있었던 게 아니라 초등학교 때 학원 다니면서 흥미가 붙었던 거거든요. 그래서 제가 이렇게 해주는 것이 그 친구의 미래 진로와 선택 폭을 넓히는 데 도움이 되지 않을까 싶어서, 다양한 활동들을 접해주고 싶다는 생각이 들어요.

전 : 네, 공부는 학교에서 하니까… 그거 말고 다른 거 해볼까? 그러면 갈 때마다 공부는 한 3분의 2 정도만 하고, 한 15분 정도는 한 가지나 두 가지 시도를 해봐. 지금 나한테 한 얘기를 똑같이 아이한테 해주면 아이가 되게 좋아할 것 같아. 그런데 선생님도 공부를 하니까, 너 공부는 학교에서 많이 하잖아. 사실 선생님도 미술 같은 걸 했었거든? 그래서 이와 관련해 재밌는 거 하나 해볼래? 선생님이 배운 것 중 하나를 해줄까? 심리 테스트인데, 너 그런 거 관심 있어? 예를 들면 백지를 주고… "이 사람 마음이 어디 있지?" 하면서 "사람 마음이 여기 있나? 여기 있나? 어디 있을까?"라고 물

어보면서 "○○이 마음에 있는 걸 선생님이랑 같이 그려볼까?" 이렇게 하자. 혼자 그리게 하면 애가 관찰 받는 것 같아서 좀 불편해하더라고. 그래서 "같이 그려볼까?"라고 하면 나도 재밌고… 그러면 여기다가 색연필 같은 거 다 있을 거야. 집에 애들이 색연필도 다 있으니까… 요즘은 펜보다 색깔을 이렇게 해 가지고 "여기다 그려볼까?"라고 하면서 말이야. "근데 선생님 꿈이 이런 게 있거든, 이게 하고 싶어. 그리고 이런 건 또 스트레스야. 이런 거는 진짜 벚꽃 사진 찍기도 완전, 재밌었다." 이렇게 다이나믹하게 그려줘. 그냥 그대로… 지어낼 필요는 없고… 그러면 "○○이는 어때?"라고 물어보면, 애가 얘기하는 것까지만 듣는 게 좋은 것 같아. 우리가 상담하는 것도 아니고… 억지로 문제를 끄집어낼 필요도 없고. 그냥 그래? 그게 상황이야. 그런데 이 그림 그리는 것 자체를 애들이 되게 싫어할 수도 있어. 그리고 북에서는 미술 교육 자체가 또 되게 다르더라고. 나중에 연구해 보고 싶긴 한데, 내가 미술 교재를 한번 도서관에 가서 봤더니 이렇게 참새 그리는 순서를 화살표로 정리해 놨더라. 그거 보고 너무 충격이었어. 그래서 이런 게 먹히면 좋고, 아니면 끝말잇기 같은 것도 있잖아? 애들이 TV를 많이 보니까 "그거 한번 해볼래?"라고 해도 좋고, 그런 것도 있고 쉽게 할 수 있는 거… 아니면 움직이는 것도 좋은 것 같아. 집 형태가?

김 : 아파트예요.

전 : 아파트? 그러면 그 놀이터 있잖아? 거기서 10분 정도 같이 놀래? 그러니까 애들은 몸을 움직이는 게 좋은 것 같더라. 그리고 밖에 나가기가 너무 덥고 번거롭다면, 뭐 할 수 있는 거 있지? 그러면 또 그런 질문도 해. "그럼, 선생님한테 궁금한 거 있어? 선생님이 여기 대학교 다니는데 2학년 다니고 있어. 지금 1년 반째 다니고 있거든." 그러면서 자연스럽게 대학 동아리에 관한 얘기도 하고, "선생님은 대학 가기 전에 이런 거를 기대했었어." 하지만 실제로 가니까 실망스러운 부분도 있더라. 그런데 이런 건 정말 재밌기도 하고… 대학 생활 전반에 관한 이야기들을 해주면 아이들에게 도움이 많이 되니까. 왜냐하면 다들 TV로만 보지만, 사실 깊이 있는 내용들은 잘 모르는 경우가 많거든. 그리고 애들이 관심을 가지면 진로 관련해서 어떤 과를 가고 싶은지 이야기할 수 있어. 초등학생이면 "선생님, 원

래 어떤 과가 있는 줄 알았는데 대학 가보니까 그런 과도 있더라.”라고 말할 수도 있어. 그리고 그 과를 졸업하면 어떤 일을 할 수 있는지도 이야기해 주고, 선생님이 미술을 했지만 지금 국어국문학과를 다니고 있다는 점도 말해주면 좋겠지. 하지만 꼭 자기가 좋아하는 일을 하지는 않을 수도 있고, 못할 수도 있어. 진로를 자기가 찾아나갈 수 있어. 선생님도 지금 공부하는 중이라서 뭐 할지 모르잖아. 그러니까 진짜 고민이야. 이제 와서 고민이 된다… 그런 얘기를 조금 해주면 애들이 ‘대학만 가는 게 끝이 아닌가보다. 선생님도 고민이 있구나…’ 이렇게 간접적으로 느낄 수 있을 것 같아. 그러면 나도 나중에 대학 가면 이런 거 생각해 볼까? 자연스럽게 생각할 기회를 줄 수 있지 않을까?

제2장 후배 멘토에게 하고 싶은 말

* 인터뷰어 : 전주람
* 인터뷰이 : 방○○(20대 초반, 남, 서울시립대학교 2024년 1학기 심리학
　　　　　 의 이해_서비스러닝 참여자)
* 인터뷰 일시 : 2024.07.03.

전 : 어떤 멘티를 만나셨나요?

방 : 제가 만난 학생은 초등학교 5학년, 12세입니다. 이 학생은 서울 ○○구 ○
○동에 살고 있으며, 형 한 명과 부모님 한 분이 있습니다. 제가 만난 학생
은 제가 흔히 보았던 우리나라의 학생들과 큰 차이점이 없는 것 같습니다.
친구들과 노는 것을 좋아하고, 게임하는 것도 좋아하는 평범한 초등학생
의 모습을 보였습니다.

전 : 북한 사람을 만나본 적이 없으시잖아요. 1회기를 위해 처음 방문하면서 어
떤 생각이 드셨나요?

방 : 처음 1회기를 위해 집 방문을 하면서 북한 사람들은 어떻게 살고 있을까,
어떤 점이 다를까, 라는 생각이 먼저 들었습니다. 제가 서비스러닝을 신청
한 이유는 북한 사람들에 대한 호기심 때문입니다. 그래서 이러한 마음이
먼저 떠올랐고, 또한 서비스러닝의 역할인 교육을 어떻게 해야 할지, 친해
지기 위해서는 어떻게 해야 할지 고민하며 집 방문을 했습니다.

전 : 그렇군요. 학생과 처음 만났을 때의 느낌은 어떠셨나요?

방 : 학생과 처음 만났을 때 가장 먼저 떠오른 생각은 '어떻게 가르쳐야 할까,
어떻게 친해져야 할까'였습니다. 그래서 처음 방문했을 때는 '친해지기 위
해' 많은 시간을 쏟았습니다. 그 덕분에 더 원활한 서비스러닝이 이루어진
것 같습니다. 또한 부모님과 처음 만났을 때의 생각과 정서적 경험은 우리
나라 사람들과 크게 다르지 않다는 느낌이 들었습니다. 북한 사람과 우리

나라 사람이 별로 다르지 않다는 생각이 먼저 들었습니다.

전 : 그렇군요. 멘토 역할을 하면서 어려웠던 점은 없으셨나요?

방 : 멘토 역할에서 어려웠던 점은 저는 멘토라기보다는 주로 '선생님'의 역할을 했던 것 같습니다. 계속해서 가르치는 데 중점을 두어 그렇게 역할을 해왔습니다. 그래서 선생님 역할에서 어려웠던 점은 어떻게 잘 가르쳐야 할지에 대한 고민이 많았던 것 같습니다. 아이가 수업을 힘들어하자 쉬는 시간을 늘리거나 조정하는 등의 행동을 취했으며, 아이가 이해하지 못하는 부분에 대해서는 추가적인 설명을 지속해서 진행했습니다. 그럼에도 불구하고, 수업을 어떻게 구성해야 할지에 대한 고민이 많았습니다. 이러한 멘토 역할을 통해 얻은 것은 가르치는 역량이 더욱 향상되었다는 것입니다. 아이를 가르치기 위해 수업을 어떻게 진행해야 할지 고민하면서 계속해서 설명하고 가르치는 능력이 더욱 증가했습니다.

전 : 그렇군요. 멘토 역할을 하면서 얻을 수 있는 이점이나 보상 등이 있으실까요?

방 : 멘토 역할을 통해 얻은 이점 중 가장 큰 것은 남을 가르치고 아이가 잘 따라왔을 때 느끼는 보람입니다. 아이가 처음에 몰랐던 것을 제가 가르치며 배워가는 모습은 정말 큰 보람으로 다가왔습니다. 이는 제가 활동을 잘하고 있다고 생각하게 해주었고, 더욱 열심히 활동하게 되는 계기가 되었습니다.

전 : 네, 보람이 크셨군요. 그렇다면 현재 시점에서 내가 생각하는 "북한 사람"이란 어떤 사람일까요?

방 : 다른 배경을 가진 평범한 사람이라고 생각했습니다. 제가 서비스러닝을 신청한 주된 이유는 북한 사람들에 대한 호기심이었는데, 서비스러닝을 진행하면서 대상 학생과 부모님과 지속해서 상호 교류하다 보니 한국 사람들과 크게 다르지 않다는 생각이 들었습니다. 다만 부모님은 한국 사람들과 약간 다른 교육방식과 가치관을 가지고 계셨지만, 전반적으로 한국 사람들과 그렇게 큰 차이는 없었습니다. 교육에 있어서는 실생활에 관련

된 부분을 더 중시하는 경향이 있었습니다. 그래서 지금 제가 생각하는 북한 사람은 다른 배경을 가진 사람이지만, 한국 사람과 다를 바 없다는 결론에 이르게 되었습니다.

전 : 서비스러닝에 참여할 후배들에게 하고 싶은 말씀이 있나요?

방 : 향후 멘토로 참여할 후배들에게 하고 싶은 이야기는 자신이 할 수 있는 것에 집중하라는 것입니다. 저도 제가 가르칠 수 있는 부분에 집중하여 서비스러닝 활동을 진행했기에 더욱 성공적인 경험이 되었다고 생각합니다. 따라서 후배들에게는 부담을 덜고 자신이 할 수 있는 것에 열정적으로 집중하라고 권하고 싶습니다. 감사합니다.

제3장 8세 북한출신 아동 대상 멘토 경험

* 인터뷰어 : 전주람
* 인터뷰이 : 김○○(20대 초반, 여, 서울시립대학교 2024년 1학기 심리학의 이해_서비스러닝 참여자)
* 인터뷰 일시 : 2024.07.14.

전 : 안녕하세요. 지금까지 어땠어요?

김 : 지금까지 처음 만나서 뭘 할지 고민했어요. 처음에는 어머님과 이야기를 나누었고요.

전 : 처음에? 어머님과 어떻게 그렇게 얘기하게 됐어?

김 : 제가 찾아갔는데, 어머님과 멘티 학생이 같이 오셨어요.

전 : 집에 같이 있었나요?

김 : 처음에는 카페에서 얘기했어요.

전 : 지정된 카페에서?

김 : 네, 얘기하고 헤어졌고, 그다음에 만난 건 같이 활동한 게 두 번이에요.

전 : 두 번… 지금 스무 살인데… 어떻게 북한출신 아이들을 만날 용기를 냈어? 이 사업을 하고 있긴 하지만, 한편으로는 대단하게 여겨지거든. 그런데 어때? 약간 덜컥 겁도 나고 그런 것도 있었을까? 어떻게 동기가 생겼어?

김 : 동기는 일단 (서비스러닝에 먼저 참여했던) 선배님의 글을 읽고…

전 : 어. ○○이 글?

김 : 글을 읽고 나니, 그냥 고민보다는 해보고 싶다는 생각이 더 컸던 것 같아요.

전 : 그러니까 왜 해보고 싶었던 것 같아? 호기심일 수도 있고, 도움이 된다는 기대감일 수도 있고…

김 : 호기심도 있었고… 솔직히 말하면 봉사도 생각했어요.

전 : 봉사 시간…? 당연하지…

김 : 그리고 엄청 어려운 일을 하는 게 아니라, 같이 시간을 보내며 지식을 전달하는 거니까 더 할 수 있었던 것 같아요.

전 : 그렇게 어려운 건 아닌 것 같고… 봉사 시간도 필요하고, 호기심도 있었고… 처음 만나러 갔을 때 무슨 생각이 들었어?

김 : 처음에는 솔직히 한 초등학교 고학년쯤 될 줄 알았는데, 8살 남자아이란 얘기를 듣고…

전 : 어리네…

김 : 어리고, 이제 막 유치원을 졸업한 나이잖아요. 그래서 아이의 학업 수준이 어느 정도인지 파악이 안 되기도 했고… 친해질 수 있을까 고민이 많았어요. 하지만 생각보다 걱정했던 만큼 어색하지 않았어요.

전 : 그래도 북한 사람을 만난 적은 없잖아? 그런데 이렇게 만나보니까 어때? 사투리를 쓰는지, 아니면 문화적인 차이가 있는지…

김 : 살짝 억양이 느껴지는 건 있었는데, 생각보다 너무 평범한 가정이라서 한국에서 보는 가정과 비슷했어요.

전 : 비슷하구나… 그래서 경계심이 풀렸을 수도 있겠네.

김 : 그렇죠. 처음에는 저를 학습지 선생님처럼 생각했는데, 제가 와서 공부를 가르치지 않고 그냥 책을 읽어주거나, 센터에 말씀드려서 구매한 책으로 숨은그림찾기를 했어요.

전 : 무슨 책인데?

김 : 숨은그림찾기와 놀이 같은 걸 할 수 있는 책이 있어요. 아직 어리니까 집중이 안 되면 한 20~30분 정도 하려고 준비한 책이었는데, 그걸 정말 좋아하

더라고요.

전 : 그런데 어떻게 책 선정을 그렇게 할 생각을 했어?

김 : 처음에 어머님과 얘기할 때, 국어, 수학, 영어 선생님들이 수요일, 목요일, 금요일에 가르치고 있다고 하셨어요.

전 : 과외로?

김 : 네, 근데… 그렇게 가르치고 있는데… 약간 집중력이 부족하다고 하셨고… 또 글을 쓸 때, 아버지가 "부지런히…" 같은 문장이 있으면… 빈칸에 그 단어를 잘 못 채운다는 거예요. 약간 국어적인 어휘력이 부족한 것 같아요. 그래서 처음 계획표를 짤 때, 너무 처음부터 공부 같은 걸 시키면 흥미가 떨어질 수도 있겠다고 생각해서, 제가 집중력을 높이는 놀이책을 검색해서 샀어요.

전 : 그래? 고민을 많이 했구나. 처음 갔는데… 그렇게 하니까 애가 말도 붙이고, 흥미도 생겼구나…

김 : 네, 그런 것 같아요. 그 친구가 장난기가 많아서…

전 : 크게 어려운 건 없었지? 그런데 그래도 조금 고민스러운 점이 있었어?

김 : 네, 어머님이 밖에 나갔다 들어오실 때 놀이책에 집중이 안 될 때 하려고 했는데, 너무 이거만 하고 싶어 하더라고요. "이제 이거 그만하고 다른 걸 해보자." 해도 공부할까 봐, 아니면 책 읽기를 시킬까 봐 계속 이걸 하고 싶다고 하더라고요.

전 : 그럴 때 어떻게 했어?

김 : 그럴 때는 어쩔 수 없이 그냥 하거나, 제가 심리 테스트 그림을 준비해 갔어요.

전 : 어떤 거?

김 : HTP였나…?

전 : HTP 배웠어?

김 : 해석 같은 걸…

전 : 어~ 보고… 그래서 그려보라고 했어? 해석 잘못해 주면 큰일날 텐데…

김 : 해석을 해주고 싶었는데, 아직 제가 해석을 보니까 몇 세 이하에서는 그런 게 잘 안 나타날 수도 있다고 하더라고요. 해석하기가 너무 힘들었어요.

전 : 어~ 그래서 해석을 해줬어? 아니면 어떻게 했어?

김 : 해주려고 했는데, 너무 하기 싫어하더라고요.

전 : 하기 싫어해서? 자기 평가하는 줄 느껴졌겠지.

김 : 그래서 놀이터로 놀러 갔어요.

전 : 놀러 가고… 응…

김 : 제대로 되지 않았던 것 같아요.

전 : 근데 어떻게 보면 이게 여러 가지 옵션을 준비해 갔잖아? 그렇게 해 간 이유가 있어?

김 : 너무 같은 것만 하는 것 같아서, 일주일에 한 번 만나는데 그래도 의미 있는 걸 해야겠다고 생각했어요.

전 : 그렇군요. 멘티 집은 어느 지역이에요?

김 : 월계…

전 : 월계… 그럼, 오가는 데 시간 소모가 엄청 많잖아? 지금 학교도 해야 하고, 수업도 해야 하고… 이렇게 메인 스케줄이 있는데… 이건 어떻게 보면 조금 플러스 알파로 하게 되는 건데, 그만한 시간을 투자하면서 1시간을 하기 위해서 왕복해야 하고… 거의 반나절 걸린다고 생각하거든…? 그런 데에 어떤 의미가 있을까? 스스로…

김 : 음… 사실, 이걸 처음 할 때도 제가 자취를 하고 있는데 동아리 같은 걸 안 하거든요. 그래서 집에만 있게 될까 봐 좀 밖에 나가려고 한 거예요.

전 : 어~ 그렇군요. 의도적으로 활동하려고 시도한 거군요. 동아리는 안 해요?

김 : 들긴 들었는데… 활동을 많이 하는 동아리가 아니고… 몇 개 면접 보긴 했는데 떨어지기도 했어요. 중앙동아리는 아마 면접을 보기도 하고 안 보기도 하고, 소모임은 과 안에서 하는 게 있는데 그건 면접을 보고 해요. 신청하는 사람이 많아져서…근데 그게 걱정이에요. 저랑 같이하는 시간을 약간 노는 시간으로 생각하는 것 같아서… 어떻게 놀아줘야 하고, 그래도 얻어가는 게 있어야 할지…

전 : 그렇지. 그러니까 얘는 학습보다는 같이 놀고 싶어 하는 것 같아. 야외 활동을 즐기고 활발한 아이인 것 같고. 그런데 멘토는 어때? 그런 활동에 맞춰줄 의사가 있어? 아니면 과외처럼 체계적으로 "오늘은 방정식을 배운다"처럼 뭔가 딱 정해진 것이 필요하다고 생각해? 과외 같은 경우는 분명한 성취감이 느껴지는데, 그냥 놀았다 하면 뭔가 한 것 같기도 하고 아닌 것 같기도 해서 애매한 기분이 드는 것 같아. 그런 상황에서는 어떻게 해야 좋을까?

김 : 저는 재미있으면서도 도움이 되는 방향으로 하고 싶어요. 하지만 지금 하는 숨은그림찾기는 집중력에는 도움이 되지만, 1시간 동안 그것만 하기에는 힘들죠.

전 : 그렇지.

김 : 그래서 도움을 주고 싶긴 한데, 제가 8살 친구들과 함께 놀 정도의 성격은 아닙니다.

전 : 그렇게 다이나믹하고 외향적이지도 않잖아? 그러다 보니 힘든 부분이 많은 것 같고… 애들이 에너지가 많다 보니까 그게 고민이 돼. 목표가 있어야 하는데, 그걸 좀 구조화하고 정리할 필요가 있을 것 같아. 다 할 수는 없으니까, "선생님이 여기 오면 1~2주에 한 번, 너와 20분은 같이 놀고, 그 다음에는 숨은 그림을 10분 정도 하고, 이후에 다른 활동을 하자" 이렇게 정하면 좋을 것 같아. 그런데 특히 초등학생 남자아이들은 '내가 이걸 왜 해야 하지?' 하고 반발할 수도 있으니까, 좀 더 같이할 수 있는 것들이 있

으면 좋겠어. 예를 들어, "여기가 지금 네 마음이라고 생각하고, 여기에 글씨나 그림을 써볼까?"처럼 간단한 접근으로 할 수 있으면 좋겠어. 그러나 외향적인 아이들에게는 부담스러울 수 있으니 조심해야 해. 그러니까 '이게 뭐지?' 하면서 나를 평가하려고 하는 건가? 이런 생각이 드는 거죠? 안전하다고 느끼지 않으면 "그냥 안 하면 안 돼요?"라고 하기도 하거든요. 외향적인 아이들에게는 심리적인 접근이 필요할 것 같고… 우리 학교에 있는 그런 잡지 같은 것들 있잖아요. 그런 걸 가져가서, "겉으로 보이는 모습도 있고, 너의 꿈이 뭐고, 하고 싶은 게 뭐냐"라는 질문을 해서 종이나 A4에 붙여보는 것도 좋을 것 같아. 이렇게 쉽게 접근하면 아이들이 조금 더 편하게 생각할 수 있을 거야. 그래서 아이가 부족한 점이나 체크해야 할 부분들이 있다면, 충분히 이야기해 보길 바래. 단순하게 뛰어놀아 주는 것도 선배들의 이야기를 들어보면, 실은 그 시간이 부모에게는 크게 의미가 있는 것 같더라고. 그런 시간을 갖는 것 자체가 부모님께 정말 고맙고, 고마운 일이 아닐까 싶어.

북한이주민들이 소수자로 살아가잖아. 그 아이들에 대해 생각해 보면, 그들의 어머니는 대개 멘토에 대해 많이 고마워하시곤 해. 대학생이 자기 자녀와 진지하게 대화해 준다면, 그게 얼마나 고마운지 모르겠다고 하셨거든. 여러 각도에서 이런 점을 고려해 주면 좋을 것 같고, 또 다른 점은 초점이 이 아이에게 맞춰져야 한다는 거야. 내 주관적인 생각이지만, 문제나 부정적인 사항보다 아이가 가진 장점이나 자원에 초점을 맞추는 것이 중요해. 예를 들어, 뛰어노는 걸 좋아하고 활발한 아이라면, 그런 긍정적인 면을 인정해 주는 게 필요해요. 북한 배경의 어머니들은 이러한 칭찬이 부족한 경우가 많단 말이야. 북한 체제에서는 "고맙습니다" 같은 말조차 잘 하지 않거든. 그래서 정서적인 표현을 해주는 것이 좋을 것 같아. 예를 들어, "선생님은 내향적이어서 차분하게 혼자 책 읽는 걸 좋아하는 반면, 너는 무척 활발하게 다니니까 선생님 보기엔 어떤 부분이 정말 좋은 것 같아"라고 이야기하는 것이야. 이런 모습들을 잘 짚어주면 아이들이 힘을 얻고, 엄마에게서 듣지 못했던 위로를 받을 수 있을 거야. 누군가 나에 대해 그렇게 이야기해 주는 것은 정말 좋은 것 같아. 또 뭐 불편한 점 있을까?

김 : 불편하다기보다 잘해야 한다는 압박감이 있더라고요. 그렇긴 한데, 그 친구가 하기 싫어하니까 어머님께서 놀이터에 가서 친구들과 놀도록 하라고 하셨고, 그래서 저와 이야기를 나누게 되었어요. 처음에는 정말 평범하고 행복한 가정이라고 생각했어요. 그런데 어머님이 멘티가 "그림 심리 테스트"를 거부한 이유에 대해 말씀하셨는데, 그 이유가 있었어요. 이야기를 듣다가 멘티가 가족을 주제로 심리 그림 그리기를 했던 적이 있었는데, 그 과정에서 스트레스를 받았던 것 같아요. 그로 인해 그림을 그리다가 지워버린 경우도 있었거든요.

전 : 어, 그랬구나.

김 : 그걸 하면 자기의 어떤 면이 드러날까 봐 안 했던 것 같아요.

전 : 사실 멘토 입장에서는 준비해 갔는데, 멘티 입장에서는 상황을 잘 모르고, 그 과정이 부담스러웠던 것 같아. 결국 엄마에게 이야기한 것 같네. 어머니가 그렇게 말씀하셨다는 것은 소통이 잘 되고 있다는 뜻이지? 그렇지? 아이가 꾹 참고 있지 않았고, 불편함을 엄마에게 이야기했다는 것은 일정 정도 소통이 잘 되고 있다는 것이고, 어머니가 말씀해 주신 것은 선생님을 믿고 있다는 의미니까 긍정적인 부분도 있겠다. 그래서 심리적인 조치나 개입을 하기보다는 아이에게 힘을 주고 촉진자 역할을 해주는 것이 더 나을 것 같아. 초점이 그쪽으로 가야 할 것 같고… 어머니가 가정사에 관해 이야기한 걸 보면, 사실 말씀하고 싶었던 것일 수도 있고 쉽게 이야기하지 못한 것인데 이렇게 얘기하셨다는 건 그만큼 신뢰하고 계신 것일 수도 있겠지? 게다가 그분들은 마을 중심으로 살면서 함께 거실에 있고, 둘러앉아 있는 게 일상적이라 그런 경우가 많은 것 같아. 그래서 만약 그런 상황이라면, "어머니, 제가 올 때 여기서 이렇게 해도 괜찮겠어요?"라고 요청할 수 있을 수도 있어요. "엄마가 있을 때는 얘기하지 못할 수도 있으니까요." 아이가 좀 더 편하게 이야기하고, 저도 같이 편하게 이야기하려면 이런 접근이 좋을 것 같아요. 그런 요청이 가능하다면 시도해 보는 것도 좋겠어. 제 입장에서도 학생들이 갈 때 봉사 시간 외에 뭔가 얻어갈 수 있으면 좋겠거든요? 그런 욕심이 있을 수도 있지만, 많은 투자를 하고 가니까, 친구들이

교사 역할을 해보고 싶다고 했을 때, 확실히 잘 맞는 것 같기도 해요. 서비스러닝 1기 ○○이도 그런 경험이 있었고. 이런 기회가 되면 서로에게도 도움이 될 것 같아. 이번에 어려운 케이스는 없었지만, 지난 학기에는 북한 아이와 장애 아이를 다루면서 정말 힘든 상황을 겪었어요. 그 아이가 오면 울기도 하고 방에 들어가 버리기도 했고, 당황스러웠지. 그런 경험이 없다 보니… 하지만 그 과정에서 대처 능력도 높아졌고, 어떻게 할지 몰라서 당황했지만, 유튜브를 보면서 여러 가지 방법을 찾아보려고 했거든요. 또 그 친구가 활동적이니까 집 안에서 할 수 있는 활동도 필요하잖아? 그래서 만들기와 같은 것들, 조금 더 거친 놀이를 제안할 수 있어요. 예를 들어, 일회용품 같은 것들을 모아보라는 식으로… 놀이 연구자들에게 좋은 재료가 될 수 있으니까. 또 그런 휴지, 종이컵, 박스 등 일회용품으로 무언가 만들어보면 좋을 것 같아요. 집 안에서 이런 활동들을 찾아보는 건 좋은 접근인 것 같아요. 지금까지 느낀 점이나 다음 학기 준비하면서 후배들한테 조언해 줄 수 있는 것도 궁금해요.

김 : 음… 너무 어렵게 생각하지 않았으면 좋겠어요.

전 : 아, 너무 어렵게 생각하지 말라는 거구나.

김 : 네, 그냥 동생이나 조카처럼 생각하면 좋을 것 같아요.

제4장 대학 (남한출신)청년들의 서비스러닝 참여 경험

* 인터뷰어 : 전주람, 김윤수
* 인터뷰이 : 김희○(희), 배우○(우) 성○○(서), 이○○(이)
* 일시 : 2024.07.14

전 : 일단 여기 계신 서비스러닝 1기 선배님 김○○ 소개할게요. 간단히 말씀드리자면, 3학기 전에 서비스러닝이 시작될 때 김○○ 학생이 첫걸음을 내디뎠고, 지금까지도 스스로 계속 활동하고 있다고 들었습니다. 간단히 자기소개해 주시고, 경험담도 나눠보면 좋을 것 같습니다.

김 : 저는 경제학부 김○○입니다. 작년 2학기 때 〈심리학의 이해〉 수업을 듣고 서비스러닝에 참여하게 되었습니다. 처음에는 탈북민을 만나는 것이어서 조금 망설였지만, 실제로 만나보니 저희와 그렇게 다르지 않다는 것을 알게 되었습니다.

전 : 근데 (서비스러닝 신청한 학기가)끝나고도 어떻게 지속해서 활동하고 계신가요?

김 : 저는 현재 주 1회 30분씩 진행하고 있는데, 사실 30분은 저에게 큰 시간이 아니거든요. 하지만 아이가 외동이다 보니, 저와의 수업을 매우 즐거워하고, 만나는 시간을 기다린다고 어머니께서 말씀하셨어요. 그래서 큰 부담이 없으니 졸업할 때까지는 계속하겠다는 생각으로 지속하게 되었습니다.

전 : 그렇군요. 그런데 30분이 큰 시간이 아니라고 하시지만, 그게 쉽지는 않죠? 끝나면 마무리하고 싶을 것 같은데 계속하고 계시네요. 그리고 중간에 탈북민 부모교육 프로그램 개발에 프로젝트에서 상도 받았다고 들었어요. 잠깐 소개해 주실 수 있나요?

김 : 서비스러닝을 통해 탈북민을 처음 접하게 되었고, 그 과정에서 관심이 생겨 교수님 추천으로 한빛○○재단에서 주최하는 남북 화해 공모전에 참여

하게 되었습니다. 선정되어 좋은 기회를 통해 탈북민 부모교육 프로그램 개발에 대한 금전적인 지원도 받고 좀 더 알아볼 수 있는 시간이 있었습니다. 또한 재단에서 연결해 주셔서 탈북민 어머님과 인터뷰할 기회도 있었어요. 그 과정을 통해 직접 대화하며 얻는 정보가 자료 조사보다 훨씬 생생하고 유익하다는 것을 느꼈습니다. 저희와의 공통점도 많지만, 차이점도 많다는 것을 깨달았습니다.

전 : 인터뷰를 통해 부모 교육 프로그램 개발 주제를 거의 마무리하셨죠? 최근 며칠 전에는 저도 촬영해 주시고, 유튜브도 제작하셨다고 들었어요. 아무튼 감사드립니다! 바쁜 시간 내주셔서요. 이제 희○와 함께 만나본 이야기를 나눠볼까요? 간단히 누구를 만났는지, 연령대와 나이를 소개해 주실 수 있나요?

희 : 중학교 1학년 친구를 만났는데… 처음에는 집에 가는 줄 알고, 가정 환경을 알 수 있겠구나 싶었어요… 그런데 첫날부터 친구가 직전에 전화 와서 집에서는 못 볼 것 같다고 하더라고요…

전 : 뭔가 부담스러웠던 것 같군요?

희 : 만나기 전이니까 협회에서 이야기하고 만났어요. 그리고 집에 가는 길에 다음 주부터 그 집에서 볼 수 있을지 물어보니, 아이가 제가 먼저 물어봤지만 다음 주는 안 될 것 같다고 하더라고요. 이유는 뭔가 있는 것 같은데, 깊이 얘기하진 않았어요.

전 : 그래, 우리가 예측한 대로 북한이주민 가정의 부담감일 수도 있고 아닐 수도 있겠지.

희 : 계속 밖에서 만나서 그런지 아쉬움이 있더라고요. 집에서 만났으면 더 많은 질문을 할 수 있었을 텐데, 사실 탈북민에 관한 이야기는 거의 나누지 못했어요. 그래서 그 친구가 북한에서 왔다는 게 티가 나지 않더라고요. 그냥 일반적인 중학생 같고 활발해서 대화를 통해서는 큰 변화를 느끼지 못했습니다. 제가 물어보지 않으면 알 수 없었던 것 같아요.

전 : 그래도 희○, 저에게 개인적으로 전화해서 어떻게 라포를 형성해야 하는

지 자세히 물어봐 줬잖아요. 그때마다 같이 이야기할 수 있었던 것 같아요. 해보니까 어때요? 느낀 점은?

희 : 요즘 저는 개인적으로 미술을 가르치는 일을 하고 있는데, 그 경험 덕분에 학생들에게 더 편하게 다가갈 수 있었어요. 그래서 그 학생도 저를 편하게 생각해 줘서 빨리 친해질 수 있었던 것 같아요. 이런 경험은 소중하죠. 따로 시간을 내서 약속을 잡아 만나는 게 학원 사교육이니까요.

전 : HTP(집-나무-사람)심리검사도 적용해 보고, 수업에서 배운 것을 시도해 준 것 같아요. 그런 부분에서 심리학과의 차이점도 느낄 수 있었던 것 같아요. 그럼 우○는?

우 : 저는 중학교 1학년 남학생을 노원구에서 가르쳤어요. 처음 두 번은 학생 집에서 수업하다가, 이후에는 학생이 카페에 가서 음식을 먹고 싶다고 해서 카페에서 진행했어요. 처음 갔을 때 북한에서 오셨다고 하니까 억양이 세고 우리와 다를까 했었는데, 막상 가보니 그 학생은 저희와 정말 똑같았어요. 첫날부터 부모님과 상담했고, 어떤 식으로 진행하면 좋을지 이야기를 나눴죠. 부모님은 북한 말투와 억양이 조금 남아계셨지만, 저를 아주 친절하게 대해주셨어요.

전 : 맛있는 것도 챙겨 주시고? (웃음)

우 : 네, 과일도 깎아 주시고, 집에 갈 때는 먹을 것도 챙겨 주셨어요. "아이 잘 부탁해요"라고 말씀해 주셨고요. 놀라운 건 그 아이가 부모님과 정말 사이가 좋다는 거예요. 엄마랑 전화를 끊을 때마다 "사랑해"라고 말하더라고요.

전 : 와, 북한에서는 정서 표현이 익숙하지 않을 텐데...

우 : 가정으로 방문하니까 집에서 어떻게 지내는지 볼 수 있을 거로 생각했었는데, 다른 부분은 괜찮았지만 저는 잘 모르겠지만 어머니만 계시는 건지 아버님이 계시는지는 잘 안 물어봤어요. 제가 갈 때는 어머니만 계셨거든요. 그래서 그런지 집안이 좀 어지럽기도 해서…

전 : 어지럽구나? 어느 정도 어지러웠어?

김 : 청소를 잘 안 해놓으셨나 봐요.

우 : 많이 어지럽더라고요… 그 부분을 제외하면 딱히 저도 차이를 느끼거나 어려웠던 적은 없었던 것 같아요.

전 : 그러니까 스타일에 따라 다를 수도 있겠지, 그렇죠?

김 : 일을 하신다면 전체적으로 저는 상담하면서 아이랑 정말 많이 친해졌어요. 아이가 저를 진짜 친구처럼 대해주거든요. 저한테 "쌤은 MZ인데, 막 못 논다고…" 하면서 "나이가 많으니까 이런 건 모르죠?"라고 농담 섞어서 말해요.

전 : 되게 편했나 봐요.

우 : 네, 진짜 친해지고 저랑 할머니 게임도 하면서…

전 : 할머니 게임?

우 : 네, 정말 재밌게 수업했어요. 그런데 제가 좀 부담스러웠던 건, 학교에서는 가까운데 지금 합숙 중이라 그곳과는 거리가 좀 멀거든요.

김 : 그때 멀다고 하셨던 것 같아요.

우 : 네, 그래서 그 부분을 제외하면 줌으로 만약 가능하다면 계속하고 싶어요.

전 : 그렇구나. 왕복 시간이 부담될 것 같네.

김 : 직접 방문하면 왕복 시간이 필요하니까요.

전 : 반나절은 잡아야 하니까… 그럼, 또 다른 분은?

서 : 저는 중학교 2학년 남학생을 가르쳤어요.

전 : 같은 집이지, 그렇죠? 같은 집의 쌍둥이!

서 : ○○라는 친구인데…

전 : 형이야? ○○가? 쌍둥이 형?

서 : 누가 형이고 누가 동생인지는 잘 모르겠어요.

김 : 한 명이 되게 예민해요.

서 : 지체 장애와 미숙아 문제를 가지고 있어요.

김 : 그랬구나.

서 : 키가 100cm도 안 돼요.

김 : 작구나.

전 : (지난 수업 때 말해준 거 보면) 첫날에 아이가 울었잖아.

서 : 일단 제 얘기부터 할게요.

전 : 그래, 그래. 네 이야기를 들어볼게.

서 : 저는 처음에 이 프로그램에 참여한 이유가 탈북민의 경험을 느끼고 싶었는데, 장애 이슈가 더 큰 벽으로 다가와서 제 의도대로 느끼지 못했던 게 아쉬워요.

전 : 그런가, 아쉬웠구나.

서 : 사실 그 친구들에 대해서도 아직 어떻게 해야 할지 잘 모르겠어서… 친구들이 가진 장애 때문에 접근하기 힘든 것 같아요. 그래서 아쉬움이 많았어요. 게다가 처음에는 탈북민에 대한 편견이 있었는데, 아무래도 힘들게 살 것 같다는 생각이 있었어요. 위생 같은 걸 걱정했는데 의외로 그런 건 전혀 없었어요.

전 : 그럼, 그런 경험을 통해 편견이 사라졌겠네?!

서 : 네, 탁구장을 함께 간 일이 있었는데, 그 아이가 탁구를 좋아해서 어머니가 저를 차로 태워주셨거든요. 어머니도 차가 좋으셨어요.

전 : 오, 그랬구나.

서 : 저는 그날 제가 가르치는 아이와 둘이서만 있었는데, 너무 재밌어서 탁구를 계속 쳤어요. 그런 편견은 오히려 사라졌고, 어머니가 정말 잘해주셨어요. 말씀하신 대로 아이들은 억양이 없고, 어머니만 북한 억양이 있으신

데, 억양만 빼면 그냥 같은 (남한출신)사람이라고 느껴질 정도로, 오히려 한국 사람들보다 더 잘해주시고, 제가 과외할 때 만난 어머니들보다 더욱 친절하셨어요. 편했어요. 왜냐하면 그 아이를 직접 대하지 않고 어머니가 중재자 역할을 많이 해주셨거든요. 저희는 더욱 고마웠어요. 그리고 그 아이가 저를 좋아하더라고요.

전 : 자전거도 같이 탔다고 했잖아?!

서 : 네, 그 아이가 가끔 저한테 전화를 해요. 보고 싶다고 하더라고요.

전 : 보고 싶다고?

서 : 네, 보고 싶다고 해요.

이 : 아, 그 친구가 사람을 정말 좋아하나 보구나.

전 : 라포 형성이 잘 되었던 거야?

이 : 네, 그냥 사람을 좋아하는 것 같아요.

김 : 한 명은 조금 작은 거죠? 많이 작은 거죠?

서 : 많이… 완전히 달라요.

이 : 제 얘기를 하자면… 먼저 쌍둥이에 대한 배경을 설명할게요. 그 친구들은 정상적인 학교가 아니라 특수학교에 다니고 있어요. 그런데 ○○라는 아이는 선생님이 가르치는 애고, 제가 가르치는 애는 ○○인데, 둘의 성격이 정말 달라요. ○○는 친구를 많이 사귀고 교우 관계도 넓은 반면, 제가 가르치는 아이는 지금까지 친구가 한 명도 없었다고 하더라고요. 태어날 때부터 크게 아파서 여러 번 수술도 받고, 성격이 아주 내성적이에요. 제가 처음 수업했을 때 이 아이는 공부하는 걸 정말 싫어하더라고요. 저를 보자마자 "선생님, 저 공부 안 하면 안 돼요?"라고 어머니께 물어보더라고요.

전 : 공부하는 줄 알았나 보네. (웃음)

이 : 제가 계속 아니라고 했는데도 믿지 않더라고요. 그래서 자기 방으로 가고 나서 어머님께서 훈육하시면서 울기까지 했어요. 제 입장에서는 이렇게

되면 저에 대한 부정적인 인식이 박힐 것 같아 앞으로 활동하기 힘들지 않을까 걱정이 되었어요. 그래서 최대한 아이에게 어머니께 부탁드렸어요. 이제 아이가 하기 싫다고 하면 그걸 받아들이고, 제가 생각한 건 같이 유튜브를 보는 것이었어요. 아이가 유튜브 보는 걸 좋아하니까 그런 영상을 보면서 "네가 싫어하는 건 내가 하지 않겠다"라는 생각을 심어주기로 했어요. 그래서 한 달 반 동안 이렇게 영상만 봤거든요. 결국에는 병원을 정말 좋아하더라고요. 입원 생활을 오래 했는데도 불구하고, 아이가 좋아하는 병원이라든지…

전 : 보통 아이들은 병원을 싫어하지 않나요?

이 : 그러니까 의사 선생님 이름이 뭐냐고 저한테 물어보기도 하고, 애들이 보는 애니메이션도 좋아하더라고요. 예를 들어, 또봇이나 뽀로로 같은 걸요. 그런 것들을 아주 좋아해서, 같이 보면서 계속 질문을 하더라고요. "이게 뭐냐?"고요. 예를 들면 올림픽은 어떤 건지, 피라미드는 왜 그런 건지, 미라는 왜 이렇게 하는 건지… 호기심이 정말 많아서 저도 이야기를 들어주다 보니 마음이 많이 열렸어요. 그리고 최근에는 드디어 공부에 성공했어요.

전 : 진짜요?

이 : 어머니께서 애를 붙잡고 시켜서 했는데, 실제 공부 시간은 5분 정도였어요. 나머지 시간 동안은…

전 : 그래도 책을 펴본 게 어디예요.

이 : 너무 싫어해서, 그때 선생님 한 분이 안 계셨거든요. 그래서 ○○랑 ○○ 둘 다 제가 공부를 시켜야 했는데, ○○가 말을 안 듣더라고요.

전 : 보통 어떤 걸 공부해?

이 : 아직 한글을 떼지 못해서, ○○국어라는 책을 펼쳤는데 아예 보지도 않으려고 해서, 가나다라를 이제라도 알려주자고 했어요. 그런데 A4 용지를 가져와서 보여주자마자 애가 싫어하더라고요. 이건 공부라고 인식시키면 안되겠다 싶어서, 공부와 놀이를 접목해야겠다고 생각했습니다. 공부를 싫

어하니까 제가 시도한 방법은, 가나다라마바사아자차카타파하를 종이에 쓴 다음에 세 번 읽게 하는 거였어요. 그렇게 읽으면 잘 외워지니까 그걸 외우게 하고, 말할 기회를 세 번 주고, 성공하면 그냥 공부를 끝내고 나머지는 놀겠다고 하니까 애들이 집중하더라고요.

전 : 그다음, 어떻게 했어요?

서 : 저도 개인적으로 많이 느낀 점이 있어요. 아이들이 영상을 보는 걸 좋아해서 같이 해줄 수는 있지만, 가끔 "왜 제가 이러고 있어야 하지?"라는 의문이 들어요.

전 : 정체성에 혼란이 온다는 거야?

서 : 꼭 저희가 그렇게 해야 할 필요는 없으니까요.

전 : 아, 그러니까 너무 체계적이지 않은 느낌이 드나 봐.

서 : 본인이 하고 싶은 걸 하는데, 옆에 있어 주는 사람이 필요한 것뿐이에요. '왜 이러고 있지?'라는 생각이 들기도 해요.

전 : 내 역할이 정확히 어디까지인지, 어떻게 해야 하나…

이 : 저도 처음에는 무언가를 알려주는 걸 기대하고 갔었는데, 오히려 그저 같이 놀아줄 사람, 정서적으로 교감해 줄 사람이 필요하다는 걸 느꼈어요. 한편으로는 아이들에게 중요한 건 공부보다는 정서적 지지가 아닐까 싶기도 해요.

전 : 사람이 필요한 거네?

이 : 네, 탈북민 아이들인데 게다가 지체 장애도 있어서 제가 맡은 아이는 신체적으로 많이 다르고… 상태가 좋지 않아서 처음에는 마음을 열질 않더라고요. 이런 프로젝트가 아니었다면, 아예 다가갈 일조차 없었을 거예요. 왜냐하면 저도 몇 주 동안 편견이 있어서 거부감이 있었거든요.

전 : 그럴 수 있지.

이 : 처음에 애들이 속옷만 입고 있을 때도 있었고, 화장실 문도 안 닫더라고요.

전 : 집에서?

이 : 네, 많이 당황스러웠어요. 다음에는 어머니가 옷을 입히셨더라고요.

전 : 아, 당황했겠네?

이 : 네, 처음부터 40분 동안 얼굴을 못 쳐다봤어요.

전 : 진짜 쉽지 않은 상황이었네?!

이 : 처음에는 걔가 그냥 방에서 유튜브를 보고 있어서, '이거 그만둘까?'라는 생각도 했어요.

전 : 어떻게 할 자신이 없기도 했군요.

이 : 많이 고민했었는데, 나중에 그냥 다 내려놓고 "나도 재미있게 놀자는 기분으로 하자."라고 하니까 애가 정서적으로 기댈 수 있는 사람이 되자는 걸 목표로 했어요.

전 : 와, 정말 좋은 목표예요.

이 : 탈북민을 만나는 경험 같은 기회는 가져본 적이 없거든요.

김 : 생각해 보면 정말 없죠.

전 : 그 아이들은 무엇을 얻었을까?

서 : 정서적 기대감을 얻었겠죠.

김 : 저도 그렇게 생각해요. 다양한 연령대의 사람을 만나는 건 정말 힘든 일이거든요. 이런 아이들은 특히 그런 가정에서 더 폐쇄적일 거고요.

이 : 맞아요. 그 지역에는 탈북민이 많이 살고 있어서, 그분들이 모여 있는 모습이 자주 보였어요.

전 : 어머니는 잘 모르시던가요?

이 : 어머님은 잘 모르시는데, 제가 길거리에서 느낀 바에 따르면, 그 지역만의 어떤 그룹, 닫힌 사회로 보였어요.

전 : 어디가요?

김 : 주변의 아파트에요.

이 : 그쪽이 탈북민들이 많이 거주하는 지역이라 그런 느낌이 많이 들었고, 수업이 빨리 끝난 날에는 카페에 가서 기다리곤 했어요. 근데 제 아파트와 카페가 30분 거리인데 지나다니다 보면 대부분 탈북민들이 있더라고요. 억양도 북한 쪽 억양이었고요.

전 : 그러니까 이 프로젝트가 그동안 경험하지 못한 새로운 접촉의 경로가 될 수 있겠군요.

김 : 어떻게 보면 정말 새로운 경험이기도 하고, 어려운 케이스이기도 하네요. 진짜 무사히 잘 마쳤네요. 여러 번에 걸쳐 연결이 이루어졌어요. 꼭 연결해 줘야 하는 사람과 콘택트가 되어 그분이 연결해 주셨거든요.

이 : 양측 모두 서로 거북한 부분이 있으니까, 저도 모르던 사람을 집 안에 들이는 거고, 제 입장에서는 탈북민분들을 만나는 거고… 초면에 저에게 손가락질하며 "선생님 왜 이렇게 키가 작으세요?"라고 하더라고요.

전 : 진짜? 초면에?

이 : 그래서 "내가 이렇게 태어난 걸 어떻게 해?"라고 응수했죠.

전 : '내가 이걸 왜 하고 있지?' 이런 생각이 들었겠군요.

이 : 그런 부분은 별로 신경 쓰지 않았어요.

서 : 처음에는 "왜 이걸 해야 하지?"라는 생각이 들었어요. 저보다 잘할 사람이 많을 텐데, 왜 내가 해야 하는지 의문이 들더라고요.

전 : 맞아요. 그래도 포기하지 않고 끝까지 완수하셨네요. 수고하셨어요.

김 : 혹시 수업 시간에 심리검사를 하는 수업도 있었잖아요. 두 분 하셨나요? 그 반응은 어땠어요?

희 : 엄청 재밌었어요.

김 : 재밌어하셨군요?

희 : 저는 그림 그리기를 좋아해서 그 친구도 원래 그림을 좋아하니까 더 호응이 있었어요. 그 친구도 뭔가 보여주고 싶어 해서 대학교 얘기도 하고, 예고도 생각하고 있어서, 제가 예고를 나왔거든요.

전 : 여러 가지 정보를 주고받아서 좋았겠네요.

희 : 네, 그런 얘기를 많이 했어요. 주위에 언니가 없어서 저한테 남자 친구가 있는지 물어보더라고요. 대학생인 제가 친구들이랑 어디서 노는지, 진짜 여중생들처럼 노는 얘기도 궁금해했어요.

전 : 얼마나 궁금하겠어요? 대학생 생활이… (웃음)

희 : (웃음) 조금 알려줬죠. 그리고 학교에서 진로 의사결정 유형 검사가 있었는데, 제가 받은 프린트를 가져갔어요. 보여주면서 선생님에게 교수님께서 이런 걸 배웠다고 하니까, 진로에 관심이 많아서 한번 해보자고 하니 정말 많이 참여하더라고요. 그 결과도 주의 깊게 듣고, 자신의 현 상황과 대조해 보면서 보다 진지하게 받아들였어요.

전 : 그 전 학기는 어린 자녀들이었잖아요. 6세, 7세 조그마한 애들이었고, 심지어 5살도 있었어요. 그런 애들은 자아가 형성되기 시작하면서 뭘 만지려고 하면 울고불고 난리 치는 경우가 많았어요. 남학생들이 엄청, 곤란해하는 일도 있었고요. 이번에는 연령대를 조금 높여서 진행했는데, 힘들었을 것 같지만 그래도 활동하는 데서는 조금 수월했던 것 같아요.

전 : 정말 고생하셨어요. 사실 고생하는 걸 너무 잘 알고 있어요. 활동하면서 느낀 문제점이라든지…

이 : 몇 가지 생각한 게 있어서 제일 큰 문제는 대충 가이드라인 같은 게 있었으면 좋겠다는 생각이 많이 들었어요.

김 : 어떤 종류의 가이드라인을 말씀하시는 거죠?

이 : 예를 들어, 아이에게 무엇을 가르치면 좋을까? 처음에 애들이 좋아하는 게 적혀 있었는데, 미술, 운동, 음악 이렇게만 적혀 있어서 이걸 어떻게 하면

좋을지 고민이 많이 들더라고요. 아이에 대한 정보도 부족해서 제가 처음에 걱정했던 게, 지체 장애라는 것도 등급이 있잖아요? 육체적으로 상해를 당할 수도 있으니까요.

김 : 그렇죠.

이 : 그래서 그걸 걱정 많이 했었는데, 다행히 중증은 아니고 경증이라서 괜찮았어요. 하지만 관련 정보가 아예 없어서 여러 번 물어봤는데도 잘 답변을 안 해주시더라고요.

전 : 아~ 사회복지사님이?

이 : 네, 그냥 착하다고 하셨거든요.

전 : 조금 더 디테일한 정보가 필요하네요?

이 : 네, 아이에 대한 정보와 애가 어떤 과목을 배우고 싶어 하는지, 수준에 대한 정보가 필요해요. 첫 시간은 대부분 아이를 알아보고 수준을 파악하는 걸로 사용되는데, 그 아이가 어느 정도까지 공부하고 어떤 희망 사항이 있는지, 이런 기본적인 정보가 필요하다고 생각해요. 그 외에도 서로 시간을 맞추기 힘든 점도 있더라고요. 저도 거의 절반을 못 하게 됐고, 바쁘기도 했고… 어머님 쪽에서도 바쁘셨어요. 제가 맡은 아이들이 행사 같은 데 많이 다녀야 해서, '경찰' 같은 활동이 정서적으로 필요하기도 했고요. 그리고 저도 학생이다 보니 세속적인 발언일 수 있지만 이렇게 시간을 보내는데, 하루에 7~8시간이 필요하거든요.

김 : 그죠.

이 : 제가 집이 경기도 안양인데, 여기서 2시간 거리예요. 그 집에서는 3시간 걸리더라고요. 1시에 수업이 끝나면 집까지 가는데, 2시간이 걸리고, 거기서 2시간 기다렸다가 5시에 수업을 하고, 딱 1시간 수업을 한 후 6시에 끝나면 집에 오면 9시가 돼요.

김 : 정말 하루를 다 쓰는 거네요.

이 : 이걸 어떻게 해야 할지 고민이 많았어요. 대부분 그 지역에서 여기 학교까

지는 못해도 1시간 거리인데… 비대면 수업이면 괜찮을 것 같은데, 제가 맡은 아이는 비대면이 힘들어서 대면 수업인데, 모르는 집에 찾아가는 게 좀 부담스러워요.

전 : 그러면 그런 부담을 어떻게 줄일 수 있을까요? 시스템이나 다른 방법이 필요할 것 같은데요.

이 : 그런데 비용이 문제라서, 카페 대실 같은 걸 고려했지만 역시 돈이 들어서 고민입니다.

김 : 카페는 센터에서 지원한다고 알고 있는데요.

이 : 그런가요? 그렇다면…

전 : 네가 말하는 건 개인적으로 기다릴 때 드는 비용이죠?

이 : 맞아요. 버스 교통비도 개인 비용이라서 그 부분이 신경 쓰입니다.

김 : 다른 학과는 기관에 가거나 개인 집에 방문하는 경우가 적은데, 학습 멘토링은 학생과 부모님이 가능한 시간을 선택하다 보니 주말에 많이 진행되죠. 학교에 있을 때는 부담이 덜하지만, 각자 집에서 이동해야 할 경우 부담이 커집니다. 시간이 돈인데, 하루를 버리는 것 같은 느낌이 드는 것 같습니다. 저도 그렇게 생각합니다.

이 : 대면 수업에서도 학생들이 집중을 못해서…

김 : 맞아요. ○○센터에서도 대면 수업을 선호하는 경향이 있었습니다. 지금 말씀하신 부분에 대해 저희도 센터와 계속 논의 중입니다. 가이드라인을 좀 더 상세히 제공해 주셨으면 좋겠습니다. 과목을 듣는 학생들이 대학원생이라면 만남에 대한 거부감이 덜할 수 있지만, 1, 2, 3학년 학생들은 교양 과목을 듣기 때문에 책임감이 적고 호기심으로 선택하는 경우가 많습니다. 그래서 부담이 클 것 같다는 생각이 듭니다. 이 부담을 줄일 방법이 없을까요?

전 : 그래서 멘티를 선별할 때 처음 1~2회는 대면으로 라포를 형성하는 것이 좋지만, 이후에는 서로의 시간 맞추기가 어려운 경우 비대면으로 진행할

수 있게 학생들의 수준을 미리 평가해 보는 것도 고려하고 있습니다. 지금까지 심리학의 이해 과목이 3학기 진행되었고, 다양한 과정을 통해 지속 가능한 방법을 고민하고 있습니다. 여러분의 노력 덕분에 가능한 부분이라고 생각합니다.

서 : 혹시 이 프로그램은 1대 1로만 진행되는 건가요?

김 : 학습 멘토링은 1대 1로 진행되고 있습니다. 저는 그 부분에 대해 요청을 드렸습니다. 서울 ○○터에서는 탈북민들을 위한 다양한 프로그램이 운영되고 있습니다. 그래서 그런 프로그램을 함께 기획하거나, 탈북민들이 사회에 적응할 수 있도록 대학생들과 모둠 활동을 하는 프로그램을 기획하는 것도 요청드렸습니다. 이런 행사 기획은 보통 기관의 예산이 활동 기간 전에 확정됩니다. 참여하려면 그 시점이 좀 늦어질 수 있습니다. 예를 들어, 보통 프로그램이 3월에 시작되고 학생 모집이 4월에 이루어지면, 5월 행사에 대해선 이미 한두 달 전에 기획을 마쳐야 합니다. 그래서 참여할 기회가 적더라고요. 이 점이 아쉬운 부분입니다. 그래서 요청드린 내용은, 처음부터 모든 것을 다 하지 않더라도, 여러분들이 기획한 행사에 우리 학생들이 참여해 탈북민들을 만나고 그들의 생각을 듣는 기회를 갖는 것입니다. 일반인으로서 그들에 대한 편견을 낮추는 기획 행사도 재미있을 것 같고요. 이런 활동에 참여할 수 있게 해달라고 말씀드렸습니다. 하지만 일정이 맞지 않아 올해는 이루어지지 않았고, 다음 학기에는 가능할 것 같습니다. 그렇게 되면 활동의 폭도 넓어질 거고요. 학습 멘토링은 리스크가 크기 때문에 행사 하나를 통해 모둠별로 만나 준비하고 명찰도 만드는 게 더 좋을 것 같습니다.

전 : 김장을 한다든지…

김 : 그렇죠. 그들에 대한 자료를 읽어보고, 이런 생각을 가지고 이렇게 만들어야겠다고 생각하면 저도 차라리 컨트롤하기가 편해서 더 좋습니다. 하지만 학습 멘토링 같은 경우는 솔직히 너무 힘들어요.

전 : 그렇죠, 부담이…

김 : 맞아요. 저도 느낀 게 망망대해에 던져진 느낌이었어요.

이 : 진짜로 너무 막막해서…

서 : 그나마 저희 어머님이 잘 케어해 주셔서…

전 : 힘들었군요.

이 : 이제 탁구를 시작했을 때, 저희 어머님에게 의지하고 있었는데, 그때 어머님이 안 계셨고, 다음 주에는 어머님이 피곤하셔서 방에 들어가 주무셨습니다. 그다음 주에는 아예 외출하셨고, 저는 좀 많이 힘들었습니다.

김 : 다들 이렇게 일하고 계시는 건 아니죠?

이 : 네, 어머님이 정말 바쁘셨죠.

김 : 뭔가 활동을 많이 하시는 것 같아요.

서 : 저희 수학과 소속 동아리 중 하나인 수학 교육 봉사 동아리에서는 ○○○라는 활동을 하는데, 저희가 멘토 역할을 하면서 그 기관으로 가는 거예요. 보조 교사처럼요. 원래 그곳의 담당 전문가 선생님이 가르쳐주시면 저희는 보조 역할을 하는 활동인데, 그런 형식으로 진행해야 할 것 같아요. 우리가 메인이 되면…

이 : 애들이 따르는 것부터가 문제라서…

김 : 맞아요. 집에 어린 동생이 있다면 경험이 있을 텐데, 그렇지 않다면 힘들죠. 저도 그렇게 생각합니다.

서 : 방향성이 아예 잡히지 않으니까요. 저희가 정서적인 교감을 할 수는 있지만, 그만으로 이 프로그램이 존재하는 건 아닌 것 같아요. 전문가가 큰 틀을 잡아주고, 거기서 진행하면 저희가 조금 더 효과적으로 참여할 수 있을 것 같습니다. 어차피 놀아주는 건 전문가가 해주고, 저희가 가도 되는 거니까요. 그런 식으로 발전할 수 있었으면 좋겠습니다.

이 : 또 느낀 게 있어요. 피드백할 게, 제가 처음에 아이에게 알파벳을 알려주려고 영어 교구를 요청했었거든요. 그런데 그 요청을 한 다음 주쯤에 제가 문

자를 드렸는데, 직접 방문해서 교구를 가져가도 되냐고 물어봤어요. 교구가 있는지 확인하고 싶었는데, 답장이 오지 않아서 2~3일 뒤에 직접 하나센터를 방문해 담당자에게 말씀드렸더니, 그분이 문자를 못 보셨다고 하더라고요. 그게 업무용 폰이라서…

전 : 거기까지 갔는데요?

이 : 그래서 1시간을 낭비했죠. 결국 그 교구는 쓸모가 없어졌어요. 왜냐하면 그걸 사용할 상황이 없었기 때문이에요. 그래서 아직 배달도 안 온 거니까 취소하고 나중에 필요할 때 다시 주문하면 안 되냐고 말씀드렸더니 "안 된다"라고 하셔서, 저는 그 지원된 비용을 날려버린 셈이 되었어요. 활용도 못 하고 기부한 것과 다름없죠.

전 : 너무 힘들었네요.

이 : 얼마 뒤에 그 담당자분이 퇴사하셨더라고요.

김 : 보고를 제가 들었어요. ○○복지사님한테. 그리고 주기적으로 저한테 전화하셨죠, 복지사님이…

이 : 복지사님이 최근에 이직하셔서 좀 아마…

김 : 마음이… 아니, 원래 그 선생님은 학생들에게 문제가 생기면 다 전화해서 물어보셨거든요. 그러니까… 그런 피드백이 조금이라도 있으면 저한테 늘 전화가 왔는데, 이번 학기에는 이상하게 두 번 정도 전화가 오고 그 뒤로는 전화가 없더라고요. 그래서 저는 아이들이… 이번에 그때 들었을 때, 처음 ○T에서 피드백을 받았을 때 이렇게까지 문제가 있을 거라고 전혀 생각하지 못했어요. 저희에게 피드백을 주셨던 내용이, 아이들이 조금 지적장애가 있지만 100% 온전하다고 하면 70~80% 정도는 괜찮다고 생각했거든요. 그래서 의사소통에 문제가 있나 보다 정도로만 생각했지, 이렇게까지 심각할 줄은 몰랐어요. 이것도 어쩌면 중간에서 행정을 처리하는 분들의 문제일 수 있어요. 원래는 피드백을 계속 주고받으면서 이런 상황에서는 어떻게 해야 할지 멘토 역할을 해주셔야 했는데, 이직 때문에 그런 부분이 제대로 이루어지지 않은 것 같아요.

이 : 맞아요. 그게 좀 애매했어요. 제가 직접 서너 번 전화를 드렸는데, 그중 두 번은 안 받으셨고…

김 : 그랬구나.

이 : 두 번은 그냥 "힘내"라는 말씀만…

전 : 그러니까 정말 힘들었겠네. 그런 디테일한 가이드라인이 없었기 때문에.

이 : 막막했죠. 이렇게 유튜브만 보고 끝나는 건 아닐까 싶어서… 진짜로… 그래서 최근에 새로운 도전을 해봤어요.

전 : 오히려 처음에 갈 때, 내가 가도 좋을 것 같다는 생각이 드네요.

김 : 그런데 그 부분에 대해서 제가 말씀드렸어요. 교수님께서 동행하셔도 괜찮냐고 여쭤봤더니, 대답은 안 하시더라고요. 그러니까 '싫다'도 아니고 '좋다'도 아니었어요. 고민을 해보시는 것 같긴 했어요. 그런데 어느 시간에 가야 할지, 이런 것들도 맞춰야 하니까 서로 좀… 그게 어렵지 않을까 생각했었던 것 같아요. 저도 처음에는 사실… 전문가적인 입장에서 학생들이 의지할 수 있는 누군가가 갔으면 좋겠다고 생각했어요. 원래 처음 취지에서는 복지사님과 함께 가는 것을 말씀드렸고요. 아이들과 함께하거나, 한 장소에 모두 모여서 짝꿍을 짓고 인사도 나누는 방식으로 분위기를 만들어주기를 바랐어요. 그런데 이렇게 진행되지 않아서 아쉬웠습니다. ○○ 센터가 굉장히 특수한 기관이다 보니, 여기와 서비스를 연결해서 조금씩 진행하는 게 낫겠다고 생각했어요. 사실 요구 사항을 처음부터 세팅하고 진행했지만, 이루어지지 않은 경우가 너무 많았어요. 그래서 이제는 밀어붙이기보다는 개선할 수 있는 부분을 하나씩 해결해 나가자는 단계입니다.

이 : 정말 다른 건 괜찮다 해도, 가이드라인 하나만큼은 진짜 절실해요. 기본적인 툴이라도 필요하죠.

김 : ○○이 할 때도 약간 그랬어요. 그때는 비대면과 대면이 섞여 있었거든요. 지금은 코로나가 끝나서 대면을 완전히 하는 게 당연하다고 생각하지만, 그때는 비대면 반, 대면 반이었어요. 완전히 비대면인 경우도 있었고요.

박 : 왜냐하면 제가 여쭤보니까 원하는 부모님들이 거의 없다고 하더라고요.

김 : 맞아요.

이 : 애초에 그럴 거면 그냥…

김 : 그렇죠. 인강을 듣는 게 낫지, 왜 이걸 듣냐는 느낌이었어요.

이 : 주목적이 정서적 교감이니까요.

김 : 그리고 그때 부모님들의 연령대가 지금처럼 중학생 이상이 아니었기 때문에 아이들과의 관계가 달랐어요. 맞아요. 어머님들이 아이들을 조금 놔두고 본인의 개인 시간을 쓰셨던 것 같아요. "좀 쉬어야지…" 하고 학생이 온다고 하면 "그럼 나 좀 쉬자" 이런 니즈도 있었죠. 그 피드백은 잘 받아서, 매년 들어오는 이야기라 프로그램 시작 전에 간담회를 열고 전체적으로 전달해 드릴 예정이에요. 이때 다시 한번 이야기를 나누고, 제가 아까 말씀드렸던 방안, 예를 들어 다 모인다든가 교수님이 가신다든가, 복지사가 같이 동행한다든가 하는 방향으로 선택할 수 있도록 발전시켜 보겠습니다. 좋은 피드백 정말 감사합니다.

전 : 진짜…정말 양질의 피드백이에요.

김 : 그런데 매년 제가 걱정되는 게 있어요. 서비스러닝을 하다 보면 학생들이 이걸 잘 해낼 수 있을까, 하는 부분이죠. 하지만 이 두 과목은 또 다릅니다. 제 입장에서는 다른 과목들은 교수님들이 대기업에서 운영하는 프로젝트와 연결해서 진행하기 때문에 PBL 형태로, 한 가지의 목적만 가지고 조별로 진행하면 되거든요.

이 : 창업 같은 것도 있던데요.

김 : 그렇죠. 그런 식으로 진행되는데, 이런 경우는 개인적인 교과목을 계속 진행해야 해서 사실 초고난도예요. 너무 힘든 일을 하셨기 때문에 감안하고 있습니다. 정말 잘하셨어요. 이 사업은 올해 한 번으로 끝나는 게 아니거든요. 계속해서 학교가 이어가야 하는 사업인데, 지속되지 않으면 그 기관과의 관계도 끊길 수밖에 없어요.

이 : 이거 수정이 안 되면 지속하기 힘들겠죠?

김 : 그렇죠. 그런 점도 고민해 보겠습니다. 너무 고마워요.

전 : 너무 좋은 피드백이에요.

김 : 마지막으로 할 얘기가 있나요?

희 : 저도 피드백이 있어요. 학생들이 저를 만나는 목적을 정확히 인지하지 못하는 것 같아요.

전 : 음, 학생 입장에서…?

희 : 그 친구는 저를 영어 과외 선생님으로 알고 만났던 일이 있었어요. 처음에는 "그런 고민이 있으면 얘기해도 되고…"라고 했고, "선생님은 학교에서 이런 수업을 통해 널 만나게 된 거야…"라고 설명했는데, 소통이 잘 안된 것 같아요.

전 : 그 목표가 좀 더 명확해야겠네요?

김 : 그렇게 알고 계신가요? 그냥 학교에서 대학생들이 봉사해 주는 거로 생각하나요?

최 : 중학생은 나이가 있어서 그런지, 지금 9살 아이와 비교하면 그 친구는 놀러 다니고, 주말에 뭐 했다고 얘기하더라고요. 저는 "학교에서 뭐 했어?" "방학 때 뭐 할 거야?" 이렇게 물어보는데, 어린아이들은 그게 되는데 중학생은 학습적인 부분도 원하더라고요.

전 : 그럼, 명확히 해야겠네요? "정확히 선생님은 어디에서 어떤 목적으로 왔고 뭐 하는 거예요?"라고.

김 : 복지사님께서 이런 프로그램을 통해 연결된다고 말씀하셨을 거예요. 하지만 아마 정확하게 이해하지는 못하실 것 같아요. 왜냐하면 이 프로그램을 운영하는 학교가 많지 않거든요. 지금 동북쪽에서 우리 학교가 유일해요. 경희대도 안 하고 외대도 하지 않아요. 그래서 이 프로그램은 보편화되어 있지 않아요. 대신에 대학교 가면 다 이런 게 있다고 인식하고 있지 않

기 때문에, 그에 대한 인식 과정을 제공해야 하는데, 그건 아마 없었을 수도 있을 것 같아요. 그렇게까지 얘기할 필요가 없다고 생각하셨을 수도 있어요.

이 : 저희 어머님께서도 그냥 '공부시키시는 거구나' 이렇게 알고 계셨던 것 같아요.

김 : 그렇죠. 원래 이 프로그램의 최종 목적은 북한이주민 가정의 학생들과 교감하면서 그들의 가정 실태를 조사하고, 그 자료를 바탕으로 북부 한화센터에서 필요한 프로그램을 개발하거나 예산을 편성하는 것이었어요. 처음에는 그렇게 하자고 제안했었고, 그 때문에 OK 하신 거였죠. 그런데 시간이 지날수록 방향이 흐려지는 것 같아요. 실태 조사나 설문지를 주신 적은 없었죠? 올해는 그런 요청을 드렸어요. 학생들이 실태 조사서를 미리 인지하고 자연스럽게 질문할 수 있도록 해달라고 했거든요. 활동이 끝나면 실태 조사서를 제출할 수 있게 해달라고 했는데, "네." 하셨지만, 안 하셨어요?

이 : 이런 말씀 드리기 좀 그러긴 하지만, 체계가 너무 부실한 느낌이었어요.

김 : 그렇군요.

희 : 그 친구에게 어떤 얘기를 할 수 있는지, 어디까지 물어볼 수 있는지도 모르겠고, 북한 이탈 주민에 대한 인식조차 사라질 정도로 그냥 과외하러 가는 느낌이에요. 실태 조사서를 주시면 체크할 수 있는 게 없을 것 같아요.

이 : 주소라도 주실 줄 알았는데, 어머님 전화번호도 제가 직접 얻어 물어봤어요. 그래서 많이 당황했죠.

전 : ○○이는 어땠어요?

김 : 여기서는 다 알려주셨죠? 담당자에 따라 다르군요.

유 : 담당자가 바뀌지 않았어요.

김 : 이번에 이직 준비 중이신 것 같아요. 올해는 신경을 많이 쓰신 것 같고, 보통 이직할 때는 한 달 전에 미리 알려주시거든요. 그런데 갑자기 그만두시

고 저한테 전화 주신 거예요.

전 : 그랬군요.

김 : 담당자 선생님 전화번호를 주셨는데, 그분이 그 사업 파트에 계신 분이 아닌 것 같아요. 이 피드백을 어디까지 인수인계하셨을지 궁금하네요. 일주일 정도 지나니까 교구 관련 문의를 하려는 분이 저에게 번호를 달라고 하셨는데, 번호도 안 주고 그냥 갔더라고요. 그러니까 이거를 원래는 알려줘야 하는데… 그쪽에서 알려줘야 하는데… 그걸 안 알려주신 거죠.

우 : 그게… 바뀐 담당자분께 인수인계가 잘 안됐다고 느꼈어요. 제가 여쭤볼 때마다 다 모르셔서… 늦게 알려주시거나… 카페에서 사용할 수 있는 금액이 있는지 여쭤봤는데… 그것도 나중에 알려주신다고 하고… 연락이 안 왔어요.

전 : 진짜 난이도가 너무 높았네요.

김 : 이번에 정말 고생하셨네요… 진짜… 어떻게 하면 좋지?

이 : 전화를 안 받으시니까 당황스러워서… 저도 교구가 일단 온 거니까, 그래도 받아야 했는데… 그렇다고 갔다가 없으면 시간 낭비인데… 음료수 하나만 얻어먹고 나왔는데 좀 그렇더라고요. 시간과 돈이…

김 : 그렇지… 어떡해…?

이 : 안 그래도 그 ○○센터에서 아파트까지 또 1시간 거리인데…

전 : 진짜 애썼어요.

이 : 밥도 못 먹고 시간이 빠듯해서 점심도 못 먹고 바로 출발해서 도착하고, 또 가서… 9시까지 굶어 가지고…

전 : 웬만하면 그냥 "저 못 하겠어요."할 텐데… 끝까지 해주셔서 감사해요. 그건 제가 정말 강력하게 건의하겠습니다. 문제가 있네요. 진짜 정체성이란… 이런 게 정말 힘들게 다가왔네요. 아… 이렇게 심각한 상황인지 몰랐네. 어…? 바쁜데 또… 그지? 그래도 이건 적어놓은 게 있으니까, 조금 더

얘기해 보자. 우리가 지금 얘기한 대로 너희가 학원, 과외하느라 얼마나 바쁜지 아는데… 이게 정말 힘든 일이잖아? 그러니까 여기서 우리가 얻을 수 있는 게 뭐였을까? 봉사 시간이나 심리적인 보상, 보람 같은 건데… 이런 위기 상황에서는 솔직히 말해서… 안 해도 그만… 이런 생각이 들고, 드롭하는 애들도 있는데… 끝까지 뭔가 했단 말이지? 그러니까 끝까지 하게 했던 이유나 동기가 있을까?

이 : 저는 그만두면 남아 있는 아이에게 상처가 될 것 같아서…

전 : 멘티 입장에서?

이 : 네.

전 : 상처받을까 봐?

이 : 네.

전 : 그러니까 학생의 입장을 고려한 거네? 그지? 장애와 북한이주민이라는 상황에서… 내가 하다가 그만두면 그 애가 어떻게 될까… 이런 생각을 한 거네. 그게 왜 중요했어?

이 : 그냥 사람으로서…

전 : 사람으로서? 봉사 같은 건 다 떠나서? 또 한 번의 기회를…

이 : 그냥 포기해버리면… 후회할 것 같아서…

전 : 우와~ 그 생각을 어떻게 할 수 있었어? 원래 인간에 대한 그런 생각이 있었던 거야? 아니면 그런 건 아니야?

이 : 그냥… 보니까 측은해서….

전 : 측은해서? 다른 아이들도 똑같이 측은하게 느꼈을까? 아니면 특별히 장애나 탈북이라는 사실이 주는…?

이 : 그 부분이 비중이 있었죠.

전 : 어. 비중이…

이 : 그렇긴 한데… 그것도 제 성격인 것 같아요.

전 : 성격…? 그래, 그래. 그거 말고 또 어떤 걸 얻을 수 있었어?

우 : 저는 보람과 뿌듯함이 가장 큰 이유였던 것 같아요.

전 : 아, 그랬구나.

우 : 처음에는 봉사 시간이 필요해서 시작했는데, 하다 보니까 봉사 시간은 별로 큰 의미가 없었고… 아이가 저와 함께하는 시간을 정말 좋아했거든요. 그 모습을 보면서 이야기를 나누다 보니, 이게 봉사를 위한 일이 아니라 진짜 재밌게 했어요. 아이와 대학교에 관해서도 얘기하고… 미래에 관한 얘기도 하고, "꿈이 크면 어떻게 될까" 하면서… 얘가 커서 어떻게 될지 너무 궁금하고 재밌었어요. 그래서 저는 그런 즐거움과, 가르치면서 아이가 잘 알아듣는 모습에 뿌듯함도 느꼈어요. 그래서 저는 그런 즐거움과 아이들이 잘 알아듣는 모습을 보면서 느끼는 뿌듯함이 있었습니다. 원래는 정말 하기 싫어했는데, 어떻게 하다 보니 시키면 하더라고요. 거기서 보람과 뿌듯함을 느끼며 계속 이어간 것 같아요.

전 : 그래?

서 : 저는 그 정도로 심각하게 고민하지 않았어요…

이 : 그 친구는 사람과의 관계가 좋고…

서 : 그 친구가 저를 정말 좋아해서 그런 게 느껴졌어요. 사실 시험 기간에 바쁘고, 원래 금요일에 했었는데… 2주간 금요일에 갑자기 일이 생겨서 못 가게 되었어요. 그래서 그 2주 동안 생각이 나더라고요. 그 친구가 저한테 연락도 하고… 미안한 마음도 있어서 일부러 연락드려서 시간 바꿀 수 있는지 물어봤어요. 그 친구가 저를 너무 좋아해서 가능했던 것 같아요. 그리고 아까 교수님께서 ○○님한테 장애가 어느 정도 영향을 미쳤냐고 하셨을 때… 솔직히 저는 그냥 평범한 과외 같은 느낌이었다면 절대 안 했을 것 같아요. 오히려 과외를 거의 본업처럼 하고 있는데, 돈도 안 되는 걸 과외 형식으로 하면 안 할 것 같은데… 그런 친구가 저를 좋아하니까 그냥 참아냈던 것 같아요.

전 : 그런데 어떤 느낌인지 알 것 같아. 과외는 일정을 끝내고 미적분을 마치면 명확한 보람이 있잖아? 목표가 확실하니까. 그런데 아까 정체성 이야기를 했지만, 도대체 뭘 해야 할지 고민하게 되잖아. 그럼에도 불구하고 계속하게 한 동기는 뭘까? 단순히 애가 좋아한다고 해도… 되게 바쁜데, 그게 어떤 다른 원인이 있는 거야?

서 : 현타는 많이 오는데 힘든 건 없었어요. 애가 하고 싶다고 하면 제가 뭘 해줘야 하는 게 아니라 알아서 잘하고 옆에만 있어 주면 되니까요.

전 : 음, 회의감이 들지 않았어요?

서 : 거기서 더 그렇게 하라고 하면 그냥 그럴 것 같아요. 저는 네 번, 다섯 번은 그냥 애랑 유튜브 보는 걸로만 했었는데… 고민도 많이 했지만, 애가 뭘 해도 안 따라주니까 그냥 다 때려치우고 자기 유튜브 보겠다고 하더라고요.

전 : 난 그게 대단하다고 생각해. 처음에 기대했던 것과 다른 상황이 펼쳐졌잖아? 그런데 서○○이 얘기한 것처럼 기대치를 맞춘 것 같아. '이건 이런 분위기구나. 여기까지 내가 해야지.' 그게 정말 큰일을 한 것 같아. 계속 내고집이나 목표를 내세우지 않고 애한테 맞춰준 거니까. 그게 정말 대단하다고 생각해.

이 : 제가 맡은 애들… 처음으로 보기 전에 같이할 것들을 한 5개 정도 생각했는데… 종이를 접거나, 그림을 그리거나, 밖에서 활동하거나… 모든 계획이 그냥 묻혀버려서 많이 힘들긴 했어요. 그래도 걔네가 좋아하는 게 눈에 보였어요.

전 : 그래… 사진 보니까 자전거를 끌고 가는 모습이 보이더라고요. 애들이 얼마나 좋았겠어요? 대학생 형이잖아. 그 시간이 얼마나 재밌었겠어요? 좋고 기다려졌을 것 같아요.

희 : 다른 분들이 대부분 1학년인 것 같아요. 저는 2학년이고… 저는 4학년인데 졸업하려면 졸업 전시도 해야 해서, 봉사 시간이 정말 필요했어요. 그런데 생각보다 많은 시간을 할애하게 되더라고요. 또 공부하는 과가 아니다

보니 맨날 밤새 작업해야 하고… 정말 바빠서 종합 전시 직전에는 3주 동안 연락도 못 한 적이 있었어요. 학교에 맨날 살다 보니 학생이 먼저 저한테 연락이 왔어요. "선생님, 요즘 왜 저 안 만나러 오세요?"

전 : 진짜?

희 : 연락이 없어서 연락드렸다고 했는데… 그때 제가 좀 더 챙겨야겠다는 생각이 들었어요. 어떻게 해서든 마무리해야겠다는 생각이 들어서 시작했어요. 책임감도 있었던 것 같아요. 사실 활동이 엄청 재미있었다기보다는, 두 분은 가기만 하면 된다고 하셨는데, 저는 조금 준비해 갔어야 했거든요. 오늘은 또 어떤 걸 할지 항상 고민했어요.

전 : 기대치가 좀 있었네.

희 : 챙겨가다 보니까 "뭐 하자." 이렇게 말하기도 했고, "하고 싶은 거 있으면 말해라." 이렇게 하기도 해서 부담감도 있었어요. 어쨌든 저는 그때마다 뭘 들고 갔기 때문에 책임감이 제일 컸던 것 같아요.

전 : 그러니까 오히려 뭘 들고 가면 마음이 편할 것 같아. 뭔가 목표가 있으니까.

이 : 저는 또 위기 상황에 대한 대처 능력을 얻은 것 같아요. 몇 번의 분기점이 있었어요. 잘못된 선택을…

전 : 그러니까 가서 연락도 안 받고…

이 : 애가 계속 우는 걸 방치할지, 아니면 어떻게 할지… 여기서 잘못된 선택을 하면 다시는 애가 나랑 얼굴을 안 마주칠 것 같은 느낌이었어요. 초반에 많이 힘들었죠. 돌아올 수 없는 강을 건너는 듯한 느낌이었어요.

전 : 그 순간에 많은 생각을 했겠네. 어떻게 해야 할까? 방문을 열고 가야 할까? 아니면 그냥 포기할까?

서 : 진짜 대단하다고 느낀 게 최근에 신경을 아예 안 쓰고 있었거든요. 수요일로 바뀌면서 타임이 달라졌고… 오늘 뒷얘기를 처음 들었는데, ○○ 그 친구가 ○○님이 맡은 친구분이 저한테도 인사를 해주더라고요.

전 : 진짜?

서 : 원래 낯을 많이 가리는 애인데 많이 바뀌었어요.

전 : 진짜… 어머니가 되게 좋아했겠다. 너희들 와서…

이 : 네, 마중도 나와 주시더라고요.

전 : 어머니가? 정말, 고마운 마음 느끼실 거 같아요.

전 : 우리 줌 미팅 두 번 했잖아? 이번에 처음 한 거고, 지난번에는 간단하게 끝
냈잖아. 그래서 뭔가 디테일한 가이드를 주고 싶었거든. 내 입장에서는…
만약 담당하는 사람 입장에서 어떤 걸 하면 도움이 될 것 같아?

이 : 일단은 진짜 확실하게 누군가의 가이드가 필요할 것 같아요. 사회복지사
에게 전해 들은 정보만으로는 그 아이를 제대로 파악할 수 없고요. 잘 안되
는 것 같아요. 서비스 담당자에게 많이 물어봤는데, 그 아이에 대한 정보
가 제가 생각했던 것과 달라서… 그분 말씀대로라면 그 아이는 일주일 정
도 걸리고, 처음에는 낯을 가리지만 이후에는 농담도 많이 하고 친근하다
고 하셨는데… 전혀 그렇지 않았어요. 친해지려고 두 달이 걸렸거든요.

전 : 음…

이 : 두 달 동안 조용히 유튜브만 봤어요.

전 : 그러니까… 가이드해줄 수 있는 분은 여기 기관도 있고 교수학습개발센터
도 있고 나(담당과목 교수자)도 있잖아요. 누가 가장 적합한 인물 같아요?

서 : 사실 상관없어요. 프로그램만 만들어주면 돼요. 제가 가장 고마운 것의 하
나는 어머님이 저희 사정을 아시니까, 6시가 되면 바로 보내주신다는 거예
요. 만약 그런 어머니가 없었다면 저희가 애들을 뿌리치고 나오기 정말 어
려운 상황이에요. 그럼 어떻게 해야 할지도 모르겠고… 정해진 프로그램
이 있는 상태에서 들어가는 게 맞고, 저희가 프로그램을 짜는 건…

이 : 그건 정말 말이 안 되는 것 같아요. 부담이 크고 잘 되지도 않고… 매주 새
로운 도전자가 열심히 준비했는데 퇴짜 맞으면 기분이 좀 그렇더라고요.

멘티는 다 싫다고 유튜브 보자고…

전 : 아~ 그런데 이게 케이스마다 다 다르니까… 그러면 일차적으로 복지사가 그들의 정보를 명확하게 파악하고, 사례 연계할 때 전달해 주는 게 필요하겠네? "어떤 특징이 있는 학생인데… 하시겠어요?" 이런 것도 필요해? 멘티 대상을 고른다는 게 좀 그렇긴 하지만… 집에서 몇 시간이 걸리는데, 갈 수 있는 건 아니잖아… 그러니까 상황을 고려해서 그런 정보를 제공할 의무가 필요하겠지?

이 : 좀 많이 그렇긴 한데… 그래도 선택할 수 있는 권리가 있었으면 좋겠어요. 제가 처음에 가르치고 싶었던 학생은 수학 한다고 했고요.

전 : 수학…

이 : 또 남자였거든요.

전 : 그래~ 우리가 학습 지도였지… 목표가.

이 : 제가 처음 느낀 게… 아마 같이 가셨을 텐데, 보자마자 느낀 게… 내가 맡으려는 아이가 이 아이라는 거였어요. 왜냐면 여자아이는 무조건 여자 선생님이 맡을 거고… 남자는 3명인데 2명이 쌍둥이이고, 둘이 지체 장애고… 남자 한 명은 이미 전에 맡았던 분이 여자분이셨던가, 남녀 상관없이 잘 듣는다는 얘기를 듣고 '내가 맡을 아이는 이 둘 중 한 명이구나'라고 느꼈어요. 사실 그게 불합리하다고 해야 할까요… 되게 불쾌했어요. 솔직히 짜증도 났고, 그래서 어떻게든 말하고 싶었는데, 제가 이상한 말을 하는 것 같기도 했어요. 최소한 그 지체 장애에 대해 조금이라도 알고 있었으면 좋았을 텐데, 그런 정보도 없이 처음 대면했을 때 손가락질을 당하니 정말 기분이 나쁘더라고요.

서 : 그리고 노쇼인데, 그렇게 아이들의 정보를 파악할 수 있는 기관이라면 그곳에서 프로그램을 만들어주고 지속적으로 케어할 인력이 있을 것 같은데, 왜 안 되는 걸까요?

전 : 그러니까. 아직 더 보완이 필요해요. 그렇군요. 너무 당황스러운 건, 정말 가서 교구 때문에 사람이 없는 것도 그렇고, 몇십 분을 기다렸다는 것도 너

무 불편해. 연락이 안 되는 건 정말 큰 문제고, 개선이 필요한 부분이에요.

우 : 저 같은 경우에는 아기가 갑자기 하기 싫다거나 부모님 생일인 걸 전날이나 당일에 알려주는 경우가 많았어요. 그리고 전에도 노쇼가 많다는 얘기를 들어서, 항상 금요일마다 수업했거든요. 그래서 금요일에 3시간이나 4시간 전, 아침에 한 번, 그리고 1시간 전에 한 번 전화로 '하는 거 맞지?' 하고 물어봤어요.

전 : 잘했네. 그렇게 물어보니까 노쇼는 없었지?

우 : 근데 그때 노쇼는 아니고 한 20분 정도 늦은 적은 있어요.

전 : 늦은 적이구나. 그건 조금 이해할 수 있지만, 이게 너무 변수가 많은 편이군.

이 : 좀 많이 뭐랄까… 대학생이 감당하기에는 어려운 부분이 없지 않죠.

이 : 이게 지금 망망대해라고 표현하니까, 모든 게 다 포함된 것 같아. 나도 정체성에 혼란이 오는데, 학생들이 이렇게 어렵게 해야 하나? 이런 생각이 조금 들어요. 솔직히…

이 : 사회봉사 과목 듣는 게…

전 : 사회봉사 과목?

희 : 누가 도서관 봉사 활동을 하면 10시간씩 인정해 주고…

전 : 그냥 한 번에 9시부터 6시까지 하는 거니까…

희 : 봉사 시간을 30시간 맞추려고 했던 건데, 왔다 갔다 하니까 저도 솔직히 제 시간도 소요되고, 준비하는 시간까지 포함하면 이분들도 정말 많이 걸렸어요. 어쨌든…

전 : 그렇군요. 난 북한학 전공자는 아니지만, 이런 연구가 필요하다고 생각해요. 위기 대처 능력도 필요하고, 학생 입장에서 현장감도 필요하지 않나 싶어요. 하지만 경험이 없는 대학생이 직접 (북한이주민) 집에 찾아가는 건 정말 힘든 일이죠.

오늘 여러분들의 이야기를 통해 서비스러닝을 통해 북한이주민 가정의 자녀들과 교감하는 방법과 그 중요성에 관해 이야기했던 것 같아요. 봉사 시간과 책임감, 보람과 뿌듯함의 관계에 대해서도 논의했고, 체계적인 봉사 관리와 소통의 중요성도 언급했어요. 저는 북한출신 아동, 청소년 방문 서비스러닝 사업에 참여하는 대학생들의 활동 경험에 관한 연구를 진행할 예정이에요. 아직 연구가 전무하니까 필요한 거 같거든요. 다음으로는 북한 출신 자녀들인 멘티들의 교육 수준 파악, 봉사 시간 조율, 북한이주민과의 정서적 교감을 위한 구체적인 방법, 학생들의 비대면 가능 여부 복지사와의 체계적인 사례 연계 및 정보 전달 등 보다 체계적인 논의가 필요하다고 느꼈어요. 북한 출신 자녀들을 위한 멘토링 사업이 체계적이고 안정적으로 진행될 수 있도록 노력하겠습니다. 오늘 주신 피드백에 진심으로 감사드립니다.

김윤수

제3부

북한출신 아동 및
청소년 대상
서비스러닝의
향후 발전 방향

제1장 서비스러닝의 가치와 중요성

서비스러닝은 단순한 교육 방법론을 넘어 대학 교육의 패러다임을 전환하는 혁신적 접근법으로 자리 잡고 있다. 이는 학생들의 전인적(全人的 : 지(知), 정(情), 의(意)를 갖춘. 올바른 사람) 성장과 지역사회의 발전을 동시에 추구하는 원-윈(win-win) 전략으로, 그 가치와 중요성은 다음과 같은 실제 사례와 데이터를 통해 명확히 드러난다.

A. 학생 성장의 촉매제로서의 서비스러닝

서비스러닝은 학생들에게 실제적인 경험을 통한 심층적 학습 기회를 제공함으로써, 교실에서 얻기 어려운 다양한 역량 향상을 가능케 한다. 특히 북한이주민 가정 자녀 멘토링 프로그램에 참여한 학생들의 사례는 이를 잘 보여준다.

■ 사례 1 : 사회복지학과 A 학생(23세, 여)은 북한이주민 가정의 중학생을 6개월간 멘토링하면서, 자신의 문화적 감수성과 의사소통 능력이 크게 향상되었다고 보고했다. "처음에는 문화적 차이로 인한 오해와 소통의 어려움이 있었지만, 시간이 지날수록 상호 이해의 폭이 넓어졌고, 이는 제 전공인 사회복지학의 실제 적용에 큰 도움이 되었습니다."

■ 사례 2 : 국어국문학과 B 학생(25세, 남)은 서비스러닝을 통해

자신의 전공인 교육학을 실제 교육 현장에 적용해 볼 수 있었다. "교과서로만 배우던 교육 이론을 실제 학생들에게 적용해 보면서, 이론과 실제의 간극을 체감하고 이를 좁히는 방법을 스스로 고민하게 되었습니다. 이는 제가 미래의 교육자로 성장하는 데 결정적인 경험이 되었습니다."

이러한 사례들은 서비스러닝이 학생들의 전공 지식 심화, 실무 능력 향상, 그리고 인성 발달에 미치는 긍정적 영향을 잘 보여준다.

서비스러닝은 대학 교육의 질적 향상과 학생들의 전인적(全人的 : 지(知), 정(情), 의(意)를 갖춘. 올바른 사람) 성장을 동시에 추구하는 혁신적 교육 방법론이다. 이는 다음과 같은 측면에서 그 중요성이 부각 된다.

■ 실천적 학습(Learning by Doing) : 서비스러닝은 학생들에게 실제 문제 해결 경험을 제공함으로써, 이론과 실제를 연결하는 가장 효과적인 학습 방법의 하나이다.

■ 다학제적 접근 : 복잡한 사회문제를 해결하기 위해 다양한 학문 분야의 지식을 통합적으로 적용하는(다양한 학과와의 협업을 통한) 능력을 기를 수 있다.

■ 21세기 핵심 역량 개발 : 비판적 사고력, 문제 해결 능력, 의사소통 능력, 협업 능력 등 미래 사회가 요구하는 핵심 역량을 효과적으로 개발할 수 있다.

■ 시민의식 함양 : 사회문제에 대한 인식과 책임감을 높임으로

써, 학생들이 능동적이고 책임감 있는 시민으로 성장할 수 있도록 돕는다.

서울시립대학교의 사례에서 볼 수 있듯이, 서비스러닝은 대학 교육의 사회적 책임을 실현하는 동시에 학생들의 전인적 성장을 촉진하는 핵심적인 교육 혁신 전략이다.

B. 지역사회 발전의 동력으로서의 서비스러닝

서비스러닝은 대학과 지역사회를 연결하는 가교역할을 함으로써, 실질적인 사회문제 해결에 기여한다. 서울시립대학교에서 지역의 기관이나 기업에 연계되어 진행된 서비스러닝의 범위도 굉장히 다양하며 전문적이다. 놀이 · 학습멘토링, 지역행사지원, 지역민을 위한 문화 프로그램 기획 및 운영, 음악회 기획 및 운영, 경영전략 컨설팅, 세무 · 회계 컨설팅, 마케팅 및 홍보 전략 지원, 디자인 개발 및 지원, 다문화가정 교육 지원, 디지털전환 전략 지원, 협동조합 비즈니스 모델 수립, 사회적기업 브랜딩 컨설팅, 선천성 심장질환 소아청소년 대상 운동처방 프로그램 개발 등등 현재까지 서울시립대학교의 서비스러닝을 통해 지역사회에 지원한 성과는 이를 잘 입증한다. 이러한 결과는 서비스러닝이 단순한 학생 봉사 활동을 넘어, 실질적인 사회문제 해결과 지역사회 발전에 기여하고 있음을 명확히 보여준다.

C. 대학 교육 혁신의 핵심 동력으로서의 서비스러닝

서울시립대학교 서비스러닝은 다각적 부분에서 매 학기 조금씩 개선되고, 확장되고 있다. 서울시립대뿐만 아니라, 2000년도 초반부터 서울대, 고려대, 연세대, 한양대, 성균관대 등 수많은 대학이 정규 교과과정에 서비스러닝을 도입했으며, 일부 대학은 의무이수 과목으로 지정하기도 했다. 서울시립대는 서비스러닝을 이수의무 과목으로 지정하지는 않았지만, 매 학기 개설되는 정규 교과목을 서비스러닝 교과목으로 개발할 수 있도록 연구개발비 지급, 성과 평가 반영과 교수자 대상 지속적인 홍보와 지역 내 협업 기관을 발굴하고 있다.

그런 의미에서 북한이주민 가정을 위한 새로운 서비스러닝 프로그램 개발에도 소홀할 수 없다. 서울○○센터와 지속적인 서비스러닝 협력을 위해서는 그들의 안정적 정착을 돕거나, 정착 과정에서 발생하는 다양한 문제를 해결해 나가는 창구가 될 수 있는 협력 프로그램을 지속해서 개발하며, 활동의 다각화를 모색하는 것또한 중요하다. 현재는 서울○○센터와만 연계하여 진행하고 있지만, 서울 내 기타 북한이주민 지원센터, 통일부, 남북하나재단 및 다양한 북한이주민의 안정적 지역사회 정착을 위한 비영리 지원단체들과의 교류를 통해 사회적 소수자를 위한 더 많은 서비스러닝 프로그램 개발을 진행하여, 다양한 학과의 서비스러닝 교과목 매칭도 가능할 것으로 보인다.

서비스러닝에 맞는 새로운 범위와 규정을 적용할 수 있도록 교육부와 행정안전부, 대학 간의 삼자 협의와 그에 따른 새로운 시스템 구조화도 시급하다고 생각한다. 참여자가 봉사 활동을 위해 들이는 시간과 에너지가 큰데 반해, 서비스러닝 활동을 통해 얻는 개인적, 직업적 혜택이 적다면, 참여 매력도가 낮기 때문에 신규 교과목 개발에 대한 확장성이 떨어진다. 때문에, 대학에서 서비스러닝으로 지역사회 봉사 활동에 참여하게 될 경우, '행동'에만 초점을 맞춘 기존 봉사 시간 인정 범위와 규정 적용이 아닌 '과정'도 인정받을 수 있는 '서비스러닝형 봉사 인정 시스템'이 마련된다면 서비스러닝이 갖는 공공성과 교육적 가치는 매우 높아질 것으로 보인다. 또한, 서비스러닝을 비교과 프로그램으로 구분하지 않고 학생 주도형 혁신 교수법의 일환(플립드러닝, 블렌디드러닝, PBL, 프로젝트 수업, 캡스톤 디자인 설계 등)으로 구분한다면, 수업을 설계하는 교수자가 교과목 설계 단계에서 수업의 형태를 서비스러닝으로 선택하여 개발하거나, 다제적(多際的) 교수법 융합 방법을 통해 수업을 설계할 수 있도록 돕는다면, 배워서 사회에 기여하는 인재로 성장시키는 실용성을 갖춘 혁신적 대학 교육이 될 것으로 생각한다.

D. AI 시대의 실천적 학습 모델로서의 서비스러닝

AI 기술의 발달로 인해 교육 환경의 변화를 고려한다면, 서비스러닝의 교육적 가치는 매우 높다. AI Tool이 비약적으로 발달하면서, 대학가에서도 주입식 교육이나 단순한 이론 교육 방식을 고수하는 교과목은 여전히 학생들에게 단순한 레포트나 시험으로 평가를 진행한다. 그러나, AI Tool을 이용해 레포트를 제출하는 학생들이 많아지고 있어 더 이상은 명확한 평가를 하기가 어려워졌다. 직접 공부를 하고 레포트를 작성한 학생보다 AI를 이용하여 레포트를 제출한 학생의 학점이 더 높게 책정되어 학생들의 불만이 터진 실례도 종종 벌어지고 있다. AI를 이용하여 레포트를 쓴 것인지 측정하는 툴도 나왔지만, AI가 쓰지 않은 것처럼 수정해 주는 툴이 또 나왔기 때문에, 레포트를 이용해 학업 성취도를 평가하기란 사실상 많이 어려워지고 있다. 기술의 발달로 인해 기존의 주입식 교육과 이론 중심 학습의 효과성이 감소했기 때문에, 제대로 된 학습목표 심화와 학습 성취도 평가를 위해서는 실제적이고 경험적인 학습을 지향하는 서비스러닝 교육방식의 필요성이 증대되었다.

서비스러닝은 실제 경험을 통한 학습으로 AI가 대체하기 어려운 영역이며, 복잡한 사회 문제 해결 능력을 개발할 뿐 아니라, '봉사'를 통해 진행된다는 점에서, 인간 중심의 가치와 윤리의식 함양에도 좋은 효과가 있다. 또한 21세기 미래 인재의 핵심 역량인 비판적 사고력과 창의성, 협업 및 의사소통 능력 강화, 문제 해결 능력과 적응력 개발과 향상에 매우 효과적이므로 서비스러닝의 중요성과 가치는 더욱 높아질 것이다.

제2장 서비스러닝의 향후 발전 방향 및 제언

서비스러닝 사업 담당자의 관점에서 서비스러닝의 발전 방향에 대해 기존 운영 과정에서 필요하다고 생각한 부분의 개선 방향과 서비스러닝의 가치를 더욱 확산할 수 있는 새로운 로드맵을 다음과 같이 크게 세 가지로 제안해 본다. 이 로드맵은 다양한 협력 체계를 바탕으로 하기 때문에, 실제 진행이 될지는 솔직히 모른다. 대학의 혁신적 교수 학습법에 대해 고민하고 의견을 제시하는 자리에 있지만, 실제 상상하는 로드맵대로 실현하기는 관련 법이나 정책 수립, 정책 자금 조달, 이해관계자 간의 현실적 협의 등 해결의 과정이 많다. 하지만, 담당자로서 제시한 방향으로 서비스러닝이 성장해 나간다면 대체 불가한 미래 인재 양성에 가장 실용적인 교육 방향이 될 것이라고 믿는다.

A. 시스템 및 프로세스 개선

서비스러닝의 효과적인 운영과 지속 가능한 발전을 위해서는 현재의 시스템과 프로세스를 개선하는 것이 필수적이다. 이를 위해 다음과 같은 세부 방안을 제안하는 바이다.

■ 봉사 활동 시간 인증 시스템 개선

현재 서비스러닝 운영에서 가장 큰 문제점의 하나는 봉사 활동 시간 인증의 제한적인 범위와 복잡한 프로세스라고 할 수 있다. 이를 개선하기 위해 다음과 같은 방안을 도입해야 한다.

첫째, 멘토링 준비 및 이동 시간 등을 포함한 포괄적인 봉사 시간 인정이 필요하다. 현재는 실제 봉사 활동 시간만을 인정하고 있어, 학생들의 실제 투자 시간과 인정 시간 사이에 큰 괴리가 있다. 이를 개선하여 활동 준비 시간, 이동 시간, 사후 보고서 작성 시간 등을 합리적인 범위 내에서 인정해야 한다.

둘째, 서비스러닝만을 위한 사회봉사 인증 매뉴얼과 시스템을 도입해야 한다. 일반적인 봉사 활동과는 다른 서비스러닝의 특성을 반영한 별도의 인증 기준과 절차가 반드시 필요하다. 이를 통해 학습과 봉사의 연계성을 고려한 더욱 적절한 평가가 가능해질 것이다.

셋째, 서비스러닝 활동 시간 인증 프로세스의 간소화 및 효율화가 필요하다. 현재의 복잡한 인증 절차는 학생들의 참여 의욕을 저하시킬 뿐 아니라 행정적 부담을 가중시킨다. 온라인 시스템을 활용한 간편한 인증 절차, 일괄 처리 시스템 등을 도입하여 프로세스를 간소화한다면 더 많은 학생의 참여를 유도하는 데 유리할 것으로 보인다.

■ 지속적 파트너십 관리 시스템 구축

서비스러닝의 성공은 대학과 지역사회 파트너와의 안정적인 협력 관계에 달려 있다고 해도 과언이 아니다. 이를 위해 다음과 같은 시스템 구축이 필요하다고 생각한다.

첫째, 연계 기관과의 장기적이고 안정적인 협력 관계 유지를 위한 시스템이 필요하다. 정기적인 파트너십 평가, 피드백 수렴, 공동 워크숍 개최 등을 통해 지속적인 관계 개선을 도모하여 상호 호혜의 법칙을 준수하고 관계의 지속성을 갖는 것은 매우 중요하다.

둘째, 담당자 변경 시에도 원활한 사업 운영을 위한 체계를 마련해야 한다. 상세한 업무 매뉴얼 작성, 인수인계 프로세스 표준화, 파트너십 관련 데이터베이스 구축 등을 통해 담당자 변경으로 인한 사업 중단을 방지해야 하는 것이 지속성의 관건으로 보인다.

■ 서비스러닝 운영 매뉴얼 개발

효과적인 서비스러닝 운영을 위해서는 각 연계 기관과의 체계적인 운영 매뉴얼이 필요하다. 이는 봉사 범위를 명확히 하고, 운영 과정에서 발생할 수 있는 문제를 예방하고 참여자의 혼란을 감소하기 위함이다. 특히, 학생들이 협력자로서 존중받으며 활동할 수 있는 환경을 조성하는 데 중점을 둔다면 서비스러닝의 상호 호혜성의 특징을 훼손하지 않을 것이다.

첫째, 북한출신 아동 및 청소년 대상 멘토링 등 특화된 프로그램에 대한 구체적인 가이드라인을 제공해야 한다. 각 프로그램의 특성과 주의 사항, 효과적인 접근 방법 등을 상세히 기술한 매뉴얼을 개발하여 제공한다면 처음 이 프로그램에 참여하고 처음으로 이런 사회적인 경험을 하는 학생들의 혼란을 감소시키는 데 큰 도움이 될 것으로 보인다.

둘째, 남한출신 대학생 멘토들의 준비도 향상을 위한 체계적인 교육 자료도 개발되어야 한다. 서비스러닝의 의미와 가치, 효과적인 봉사 방법, 유의 사항 등을 담은 교육 자료를 제작하여 학생들의 사전 준비를 돕는 데 사용한다면 더욱 즐거운 봉사 활동이 될 것으로 보인다.

이러한 시스템 및 프로세스 개선을 통해 서비스러닝은 더욱 체계적이고 효율적으로 운영될 수 있을 것이며, 이는 궁극적으로 학생들의 학습 경험 향상과 지역사회 발전에 기여할 것이다.

B. 프로그램 확장 및 다양화

서비스러닝의 지속적인 발전과 영향력 확대를 위해서는 프로그램의 확장과 다양화가 필수적이다. 이를 통해 더 많은 학생의 참여를 유도하고, 지역사회의 다양한 요구에 부응할 수 있기 때문이다. 이를 위한 구체적인 방안을 다음과 같이 제안한다.

■ 전공별 맞춤형 서비스러닝 프로그램 개발

서비스러닝의 교육적 효과를 극대화하기 위해서는 각 전공의 특성을 반영한 맞춤형 프로그램 개발이 필요하다.

첫째, 대학 내 학부 차원의 서비스러닝 트랙을 확대하는 방향이다. 현재 일부 학부에서 운영 중인 서비스러닝 트랙을 전 학부로 확대하여, 모든 전공 학생이 자신의 전공 지식을 실제 사회문제 해결에 적용할 수 있는 기회를 제공하는 것이다. 예를 들어, 공과대학에서는 지역 내 노후 시설 개선 프로젝트 또는 폐자원을 활용한 친환경 건축자재 개발을, 예술대학에서는 지역 내 공공환경 개선을 위한 거리환경 조성이나 지역민의 문화 수준 증진을 위한 정기 공연 기획을, 경영대학에서는 지역 내 소상공인 브랜드 활성화를 위한 지원 프로그램을 개발할 수 있다.

둘째, 다양한 전공과 지역사회 요구를 연계한 프로그램을 설계해야 한다. 현재 서비스러닝도 이런 요구를 반영하여 활동이 진행되고 있지만, 조금 더 많은 범위의 지역 연계를 통한 다양한 해결 과제 발굴이 필요하다. 이를 위해 지역사회의 다양한 기관, 단체와의 협력을 통해 실제 지역 문제를 파악하고, 이를 해결하기 위한 학제 간 협력 프로그램을 개발해야 한다. 예를 들어, 도시계획학과와 사회복지학과가 협력하여 노인 친화적 도시 설계 프로젝트를 진행할 수 있다. 또한, 환경공학과와 경영학과의 협력을 통해, 지역 내 중소기업들의 친환경 경영 전환을 지원하는 프로젝트를 진행하고, 환경공학과 학생들은 기업의 환경 영향 평가와 개선 방안을 제시하며, 경영학과 학생들은 이를 바탕으로 비용 효율적인 친환경 경영전략을 수립하여, 이를 통해 지역 기업의 지속가능성을 높이고 환경 보호에 기여할 수 있도록 한다. 컴퓨터 공학과와 특수교육학과의 협력도 상상해 볼 수 있다. 장애 학생들을 위한 맞춤형 학습 보조 애플리케이션 개발 프로젝트를 수행하는 것이다. 특수교육학과 학생들이 장애 학생들의 학습 요구 사항을 분석하고 교육적 접근 방법을 제시하면, 컴퓨터 공학과 학생들이 이를 바탕으로 사용자 친화적이고 효과적인 학습 애플리케이션을 개발한다. 이 프로그램은 지역 특수학교나 통합 학급에서 실제로 적용되어 장애 학생들의 학습을 지원할 수 있다.

이러한 학제 간 협력을 통한 서비스러닝 운영 예시들은 다양한 전공 간의 협력을 통해 복합적인 사회문제를 해결하는 방법을 보여준다. 이를 통해 학생들은 자신의 전문 분야를 넘어선 통합적 사고력을 기르고, 21세기 미래 인재 역량인 문제 해결 능력, 의사소통 능력, 협업 능력 등 미래 사회가 요구하는 핵심 역량을 효과적으로 개발하고, 실제 사회문제 해결에 기여할 수 있는 경험을 할 수 있게 된다.

■ 지역사회 연계 및 협력 강화

서비스러닝의 본질적 가치인 지역사회 기여를 강화하기 위해서는 지역사회와의 연계와 협력을 더욱 강화해야 한다.

첫째, 지역 문제 해결을 위한 대학-지역사회 협력 모델을 개발해야 한다. 이를 위해 정기적인 지역사회 포럼을 개최하여 지역의 현안을 파악하고, 이를 해결하기 위한 서비스러닝 프로젝트를 기획할 수 있다. 또한, 지역사회 리더들과 대학 교수진이 함께 참여하는 자문위원회를 구성하여 지속적인 협력 체계를 구축하는 것도 중요하다.

둘째, 사회적기업, 마을기업 등과의 협력을 확대해야 한다. 이러한 기업들은 지역사회의 문제를 비즈니스 모델로 해결하려는 혁신적인 접근을 하고 있어, 학생들에게 귀중한 학습 기회를 제공할 수 있다. 예를 들어, 경영학과 학생들이 지역의 사회적기업과 협력하여 마케팅 전략을 수립하거나, 디자인학과 학생들이 마을기업의 제품 디자인을 개선하는 프로젝트를 진행할 수 있다. 서울시립대에서도 서비스러닝을 통해 경영학부 학생들과 산업디자인학과 학생들이 관련 서비스를 제공하는 서비스러닝을 운영한 사례도 있다.

이러한 프로그램 확장 및 다양화를 통해 서비스러닝은 더욱 풍부하고 의미 있는 교육 경험을 제공할 수 있을 것으로 생각한다. 또한, 이런 과정은 지역사회의 다양한 요구에 부응함으로써 대학의 사회적 책임을 더욱 효과적으로 수행할 수 있을 것이다. 이는 궁극적으로 학생들의 전인적 성장과 지역사회의 지속 가능한 발전에 기여할 것이라 믿는다.

C. 서울시-대학-산업 협력 체계 구축

서울시립대학교는 전국 유일의 공립대학으로서, 서울시와의 긴밀한 관계를 바탕으로 혁신적인 지ㆍ산ㆍ학(지자체-산업-대학, 연구소) 협력 모델을 구축할 수 있는 독보적인 위치에 있다. 부산시의 지ㆍ산ㆍ학 성공 사례를 참고한다면, 서울시립대학교도 다음과 같은 방식으로 서비스러닝을 통한 지역사회 연계를 강화할 수 있을 것으로 생각한다. 이런 향후 발전 방향은 대학 교육의 실질성과 실용성에 매우 도움이 될 것으로 생각한다.

■ 서울시 서비스러닝 협의체 구성

현재 서비스러닝 프로그램 운영에서 가장 큰 어려움의 하나는 지속적이고 안정적인 파트너십 유지이다. 이를 해결하기 위해 '서울시 서비스러닝 협의체'를 구성한다면 서비스러닝의 발전은 더욱 지속성을 가질 것이다. 이 협의체는 서울시 관련 부서 담당자, 서울시립대학교 서비스러닝 담당자, 주요 지역 기관 및 기업 대표, 그리고 시민단체 대표들로 구성된다면 균형 유지에 좋다. 분기별 정기회의를 통해 서울시의 현안과 대학의 교육 목표를 연계한 서비스러닝 프로그램을 기획하고 평가함으로써, 장기적이고 지속 가능한 프로그램 개발이 가능해질 것이다.

만약 이런 협의체가 더욱 발전하여 서울시와 서울시립대학교가 공동으로 '서울혁신센터'를 설립하고, 대학의 학문적 역량과 서울시의 행정력을 결합한 종합적인 도시 문제 해결 플랫폼을 구축한다면 더할 나위 없이 좋은 그림일 것이다. 이 센터는 서비스러닝 프로그램의 허브 역할을 담당하며, 학생들의 아이디어를 실제 정책으로 발전시키는 가교역할을 수행할 수 있는 좋은 예시가 될 것이라 상상해 본다.

이러한 지·산·학 협력 모델을 통해 서울시립대학교는 단순한 교육기관을 넘어, 서울시의 혁신을 주도하는 핵심 주체로 자리매김할 수 있을 것이다. 학생들은 실제 자신이 살고 있고, 살아갈 도시 문제 해결에 참여함으로써 높은 수준의 실무 경험을 쌓고, 서울시는 젊고 창의적인 인재들의 아이디어를 정책에 반영할 수 있다. 이는 궁극적으로 서울시의 지속 가능한 발전과 학생들의 성장, 그리고 대학의 사회적 책임 실현이라는 세 가지 목표를 동시에 달성할 수 있는 혁신적인 모델이 될 것으로 생각한다.

■ 서울시 주요 정책과 연계한 서비스러닝 프로그램 개발

서울시의 주요 정책 과제와 연계한 맞춤형 서비스러닝 프로그램을 개발한다면 어떨까? 예를 들어, '2030 서울플랜'이나 '서울형 도시재생사업'과 연계하여 도시계획학과, 건축학과, 환경공학과 등의 학생들이 참여할 수 있는 프로그램을 기획해 보거나, 서울시 정책기획관과의 정기적인 미팅을 통해, 서비스러닝 프로그램이 실제 정책 수립 및 실행에 기여할 방안을 모색해 보는 기회를 만들어 보는 것이다.

또한 서울시의 스마트시티 정책과 연계하여, IT, 도시공학, 환경공학 등 다양한 전공의 학생들이 참여하는 통합적 서비스러닝 프로그램을 트랙으로 개발하는 것도 좋다. 학생들은 실제 도시 문제에 대한 스마트 솔루션을 제안하고, 서울시와 협력하여 파일럿 프로젝트를 실행할 수 있는 경험을 통해 학생들에게 실질적인 정책 참여 경험을 제공하고, 서울시에는 창의적이고 전문적인 인적 자원을 확보할 수 있는 win-win 전략이 될 것이다.

■ 서울시 산하기관과의 협력 강화

서울연구원, 서울산업진흥원, 서울주택도시공사, 서울시설공단, 세종문화회관, 서울시50플러스재단, 서울디지털재단, 서울복지재단, 미디어재단 TBS, 서울시복지재단 등등 수많은 서울시 산하 연구기관 및 공기업과의 협력을 통해 전문성 있는 서비스러닝 프로그램을 개발한다면 공공성 측면에서 사회 기여의 기회가 풍부하게 확대될 것이다. 각 기관의 인재 개발 담당자와 정기적인 미팅을 통해, 기관의 니즈와 대학의 교육 목표를 연계하여 진행해 본다면 서비스러닝에 참여하는 학생들에게 엄청난 참여 동기가 부여될 것이다. 예를 들어, 경영학과 학생들이 서울산업진흥원의 스타트업 지원 프로그램에 참여하여 실제 창업 컨설팅을 제공하거나, 도시공학과 학생들이 서울주택도시공사의 주거복지 사업에 참여하여 현장 조사 및 정책 제안을 할 수 있다. 서울시복지재단과 사회복지학과 학생들이 북한이주민의 안정적 사회 정착을 위한 북한이주민 사회 정착 현황 조사 및 정책 제안, 특화 서비스를 기획하는 것도 가능하다.

‖ 참고문헌

강지연(2022). 서비스러닝이 대학생의 핵심역량 신장에 미치는 효과에 관한 연구. 창의정보문화연구, 8(3), 103-112.

전주람·김유진·성원석·이주호·김윤수(2024). 대학생의 서비스러 닝 경험에 관한 FGI연구 : S대학교 북한이주민 가정 자녀멘토 링 사례를 중심으로. 인문사회연구논총, 2(1), 47-59.

조용개(2023). 서비스러닝 운영 모형 개발과 활성화 방안 연구-대학 교육에서의 운영 사례를 중심으로. 국제뇌교육종합대학원 인성 교육연구원, 8(2), 171-188.

진성희(2018). 공학 설계와 지역사회 봉사 활동을 통합한 서비스러닝 교육프로그램 운영 사례 및 효과. 한국공학교육학회 공학교육 연구, 21(4), 35-45.

최윤희·김진선(2022). 서비스러닝 교수법에 기반한 비대면 교양 수업 운영 사례 및 효과. 인문사회21, 13(2), 1239-1252.

○ 저자소개

전주람 (Jun Joo-ram) ramidream01@uos.ac.kr

서울에서 태어났으며, 성균관대학교 가족학(가족관계 및 교육, 가족문화)으로 박사학위를 최종 취득하였다. 서울시립대학교 교육대학원 교수학습 · 상담심리 연구교수로 2017년 7월부터 2019년 6월까지 재직했으며, 현재는 서울시립대학교 교직부 소속으로 〈심리검사를 활용한 심리치료〉, 〈심리학의 이해〉를 가르치고 있다. 아울러 서울가정법원 상담위원으로 2014년부터 최근까지 활동 중이며, 2022년부터는 통일부 통일교육위원으로 활동하고 있다. 지속적인 연구 관심사로는 가족관계, 심리상담, 문화갈등, 남북사회통합 등이 있다. 주요 논문으로는 「대학생의 서비스러닝 경험에 관한 FGI 연구 : S 대학교 북한이주민 가정 자녀멘토링 사례를 중심으로」, 「50~60대 북한이주남성들의 일 경험에 관한 질적 사례연구 : 일의 심리학 이론을 중심으로」, 「20대 이혼을 결심한 신혼기 부부에 관한 가족치료 사례연구」, 「북한이주민과 근무하는 남한사람들의 직장 생활 경험에 관한 혼합연구」 등 60여 편이 있으며, 저서로는 『절박한 삶』(2021년 서울대학교 다양성위원회 선정도서), 『21세기 부모교육』(2023년 세종도서 학술부문 선정도서), 『북한이주민과 지역사회복지』(2024년 학술원 우수학술도서 선정도서), 『공감을 넘어, 서로를 잇다』(2024) 등이 있다. 2016년 KBS 〈생로병사의 비밀 : 뇌의 기적〉 600회 특집에 부부상담사로, 2021년 KBS 통일열차 일요초대석에 출연하였다. 2024년에는 국립통일교육원 〈통일책방 함께 읽는 통일 시즌 2〉에 출연하였고, BBC Korea에 출연한 바 있다.

김윤수(Kim Yoon-sue) yskim22@uos.ac.kr

광주에서 태어났으며, 중국 광저우의 중산대학(中山大學, Sun Yat-sen University)에서 국제관계학 석사를 수료하였다. 광주광역시 호남대학교에서 7년간 국제교류처에서 근무했으며, 2022년부터 서울시립대학교 교수학습개발센터(Teaching & Learning Development Center)에서 재직 중이다. 대학혁신지원사업인 '서비스러닝'과 '학업 저성취 학생 지원' 사업을 맡아 운영 중이다. 개인적으로 경력 단절 여성들의 취·창업을 돕는 창업보육매니저로도 활동 중이며, 성북구 공유경제 촉진위원회 위원장과 한국공유경제협동조합 이사직을 4년간 역임했다. 서비스러닝 프로그램 운영자로서 느낀 소외를 담은 공동 연구 논문 「대학생의 서비스러닝 경험에 관한 FGI 연구 : S 대학교 북한이주민 가정 자녀멘토링 사례를 중심으로」 (2024)를 발표했다.

북한출신 아동 및
청소년 멘토링
-대학 서비스러닝 사례-

초판인쇄 2024년 12월 06일
초판발행 2024년 12월 06일

지은이 전주람 · 김윤수
펴낸이 채종준
펴낸곳 한국학술정보(주)
주 소 경기도 파주시 회동길 230(문발동)
전 화 031-908-3181(대표)
팩 스 031-908-3189
홈페이지 http://ebook.kstudy.com
E-mail 출판사업부 publish@kstudy.com
등 록 제일산-115호(2000. 6. 19)

ISBN   979-11-7318-114-6 94330